君ならできる！ 資格と遊ぶ？

まずは「宅建」

叶 龍次郎

Kanou Ryujirou

SUNRISE

はじめに

宅建との出会い

　このエピソードは、税務課で務めていたころのひとコマだ。

　30代の職員がもうすぐ宅建試験の申込期限が迫っているとのことで願書の取り寄せをしていたところ、雑談の中で「それじゃ僕の分も頼むわ」と頼んでおいた。その折、筆者を含めて3人分ほどの願書を取り寄せてもらうことになった。受験の切掛けは、そんな些細なことだった。

　願書の提出も終わり、『せっかく申し込んだのだから、何とか合格しよう』と決意した。参考書を3冊ほど、本屋の資格書コーナーで選ぶ。目を通すとどの参考書もほぼ同じ内容で、これは何とかなるかもしれないと直感した。

　3ヶ月程集中的に、「宅建業法」「都市計画関連」の分野を主に学習した。「民法」などの分野は後回しにすることにした。それは「民法」に時間を割くのがあまりにも非効率だと考えたからである。結局、テキストの最後から逆に学習を進めて合格することができた。

　職場では数人の者が興味を示し、チャレンジすることになった。資格への挑戦の機運はこんな所から高まった。最短での合格は筆者を含めて2人ほどだったが、噂話は結構広まるもので、試験に合格したことで周囲から一目置かれるようになった（ように思う）。この話は鼻もちならない自慢話のように思われるかもしれないが、事実である。

　大事なことは、資格の取得により職場でも一目置かれ、組織の中でも昇進や配置転換でも有利になることだろう。ささやかではあるが、何事に対しても自身のヤル気の鼓舞につながることでもある。

資格とは何か

　資格とは何だろう？　それは一人ひとりが一生を送る上での無形のツールと

言える。資格はその人の持つポテンシャルや性格の一端を代弁する。多くは語らないものの、虚飾を廃して真実の能力、知力、見識を雄弁に語ってくれる。

　何より特筆すべきは純粋に正の財産であり、決して負の財産とはなりえないことだ。資格を得るためには、一定期間の集中が求められる。集中することをなくして得られる資格などひとつもない。むろん、虚偽の資格と言えば語弊があるかもしれないが、金を払って得られる民間資格、いわゆる資格商法と言われるものなら、努力、集中、勉強を伴わずともいくらでも得ることが可能だ。端的に言えば、資格の王道は国家資格と言われるものである。それ以外は、英検、TOEFL、漢検等が民間資格であっても世間一般に認知されている。

　資格とは決してハードルの高いものではない。世の中の大部分の人が運転免許を持っていることは当然だと思われているが、それは日本だから言えることであり、世界レベルでは決してそうではない。車の免許を得るためには、車に乗りたいと願う気持ちが、車の免許を得るための努力に向かわなければならず、免許を取得できたときの喜びは多くの人が経験していることだろう。

　資格にチャレンジする理由のひとつに成功体験がある。例えば、高名な山岳の登頂に成功したときの達成感、体を突き抜ける爽快感は本人にしか味わえないものであり、それらは次のチャレンジの序章でもある。資格は、得るためにじっと待っていても得られるものではない。まずは行動に移すことから始まる。そして絶対にしてはならないことは「行動に移す前に諦めること」。それは絶対にやめるべきだ。

　資格を得たいと願うなら、チャレンジの後に断念することは仕方のないことだとしても、チャレンジの前に無理だと判断をすることは正しいとは思えない。

　資格へのチャレンジはスポーツに例えることができる。陸上競技の種目で言えば、ハイジャンプの場合、スタートを切る前にバーの高さを目測し、助走の距離と歩数を確認し、バーの最高到達点を目指して走り出す。目指す資格

に向け、どれだけの時間をかけられるか考え、合格を目指して行動を起こす。

　他のスポーツでは例えばマラソンにも例えられる。マラソンの第一の目標は、42.195km を完走することだ。一般の市民ランナーなら、まずは完走することから始まるだろう。完走できた喜びが次のチャレンジへの序章となる。次に考えることは、コースの下見や天候などだろう。その第一歩は自分の走力を知ることだ。自身はどの程度走ることができるのか、そのためには実際の距離を走ることから始まる。マラソンで求められる力量は人によって異なる。生活の環境やその人の持つ能力、適性、忍耐力なども日々の生活の中で高められ、磨かれることも十分に考えられる。

　次に資格試験と近似しているものに、柔道やレスリングが挙げられるだろう。両者の共通点は、制限時間の中で最高のパフォーマンスが求められる点だ。加えて、限られた制限時間内に発揮できる集中力が求められる。与えられた時間の中で、その配分を思い巡らせ、持てるスタミナの最大効率を考え、相手を打ち負かす方法やアドバンテージを得るための策略を巡らせる。瞬間、瞬間に頭脳を最大限に使いながら、相手の動きにも注力しながら戦うことになる。

本書を手に取るあなたへ

　筆者の持つ資格、とりわけ国家資格について、準備→勉強（マスタープログラム）→受験までの流れで述べてみたいと思う。これから述べる資格は筆者が合格した国家資格のみである。当然ながら合格していなければ、そのことについて、能書きを垂れることなどできない。同じ資格を望んでも、人ごとに持てる余剰時間、経済的なゆとりは異なる。見聞や know-how（ノウハウ）を自分流に会得してこそ意味がある。筆者の体験談をいかように活用するかは、読み手のあなた次第だ。

※本書内に、資格取得の目安の勉強時間を記しているが、その時間分勉強すれば合格できるというものではない。時間はあくまで目安。模試や過去問等で実力をしっかり確認していただきたい。

目　　次

はじめに

終わりに
巻末資料

第 1 章

まずは宅建

誰もがチャレンジできる身近な資格

資格データ（2024 年 1 月時点）

認定団体：国土交通省

試験形式：四肢択一

問 題 数：50 問

近年の受験者数と合格率

年度	受験者数（人）	合格者数（人）	合格率（％）
2020（10 月試験）	168,989	29,728	17.6
2020（12 月試験）	35,258	4,609	13.1
2021（10 月試験）	209,749	37,579	17.9
2021（12 月試験）	24,965	3,892	15.6
2022	226,048	38,525	17.0
2023	233,276	40,025	17.2

宅建とは「宅地建物取引士」の略称であり、不動産取引の専門家であることを証明する国家資格だ。宅地建物取引業者が行う宅地又は建物の売買交換又は貸借の取引に対して、購入者等の利益の保護及び円滑な宅地又は建物の流通に資するよう、公正かつ誠実に法に定める事務を行う不動産取引法務の専門家である。

　宅地建物取引士は 2015 年 4 月 1 日から名称が「宅地建物取引主任者」から「宅地建物取引士」へと変更された。このことにより宅建士の業務処理の原則および宅建業務者への教育義務等が試験要綱に追加された。

　世に広く知られていて、一度は取得してみたいと願う『宅地建物取引士』について、その合格のためのスキルあるいは「コツ」なるものを述べてみたいと思う。たかが宅建されど宅建、宅建は受験制限もなく、とてもオープンな国家資格である。皆さんの周囲にも「宅建」に合格した人や何度かチャレンジしたけれど挫折した人など何らかの関わりを持った人たちがかなりいるだろう。それほどポピュラーでありながら、合格率は約 15 〜 18% とそれなりに難関である。毎年約 3 万〜 4 万人（全国）の合格者を輩出している。試験会場は原則、居住地の都道府県となっている。

　ちなみに、偉そうな能書きを垂れる筆者が試験勉強に要した日数は約 30 日間である。自慢話のように受け取られるかもしれないが、要するにやり方あるいは作戦次第なのである。試験準備に使用した教材は約 2 〜 3 万円で購入した 4 〜 5 冊程度の参考書のみである。一度受験スクールに講座の費用を聞いてみたところ約 40 万円程度だと言われたことを憶えている。これはたまらない、ならば自分で作戦を立ててチャレンジしようと考えたのである。試験準備に要した参考書で筆者の推薦するものは、できる限りスッキリとコンパクトにまとめられた、あまり分厚くないものだ。分厚い参考書は基本書にはならないケースが多い。分厚い参考書は基本書と並行して時折参考にするのが良いだろう。

宅建の試験は大きく分けて、(1) 民法部門、(2) 都市計画法関係関連部門、(3) 宅地建物取引業法の3部門に分かれる。これは私見であり異論をお持ちの方も多々おられると思う。

　この宅建の試験で、最大の難所は民法であると思う。むろん受験生にとって人それぞれ得意分野が違うので、一概に言えないが、要するに得点と勉強に費やす時間のもっとも効率の悪いものが民法である。民法といえども「権利関係」の中に民法の占める割合は10問〜14問程度である。

　しかるに民法は法律の中でその条文数は突出して膨大であり、宅建に合格するための民法の勉強に費やす時間と労力は最小に留めるべきである。それでは民法の得点が得られないと言われるかもしれない。確かにそのとおりである。しかしそのことが、多くの受験生がつまずく最初のトラップなのだ。民法は大きく分けて、総則、物権、担保物権、債券、親族、相続から構成されている。これらの中で、主に宅建に関わる試験に出題されるのは総則と相続の範囲が大部分である。

　宅地建物試験の出題形式 (試験形式) は、すべて「四肢択一式」問題である。「記述式」の問題は出題されない。「四肢択一式」とは、4つの選択肢の中から「正しいもの」や「誤っているもの」等指示された条件に合致するものを選ぶ問題形式で、いわゆるマークシート式の問題のことである。あくまで私見であることを断わっておくが、「四肢択一」式の問題のうち、始めから二つの選択肢は明白に除外の対象になる。宅建試験の場合も大部分が同じだ。消去法で問題を読み解く進め方が正しく、もっともそれらしい選択肢は注意が必要であり、究極の決め手は数値が正しく記載されているかどうかにある。数字が正しくなければ、有無を言わずに誤りなのである。問題の解答は2肢を消去してのち、残りの2肢の正誤問題となるケースがほとんどである。

　宅建試験の問題数は全部で50問であり、「5問免除 (5点免除)」の受験生にとっては45問となる。次に宅建の試験時間は、2時間 (13時から15時まで)。ただし「5問免除者」については1時間50分 (13時10分から15時

まで）となる。5点免除については、後程詳述するが、国土交通大臣が指定する講座を受講し、証書を交付されたものをさす。

　以上、宅建試験とは「合計50問の問題を2時間の試験時間の中で合格点に至るよう正解する」という試験だ。ただしこの試験はあくまで競争試験ということを忘れてはならない。たとえ弁護士資格を持つ司法試験合格者であっても合格しないことも起こりうる。

　試験内容について、「権利関係」は、民法を始めとする複数の法律に関する問題の集合体である。具体的には、次のような法律に関する問題が出題される。

民法部門

① 民法

「民法」は、私たちの身近な契約の話に関わる規則などを定めた法律だ。例えば、物の売り買い（売買）やアパート・マンションの賃貸（賃貸借）といったことに関する規則が民法には定められている。宅地建物取引士（宅建士）は、不動産の売買や賃貸借を取り扱う職業なのだから、そのルールに関する知識を理解し会得しておいてほしいと言う訳だ。民法の中でよく聞く文言は次のものがある。これらは民法の中でのごく一部だ。

制限行為能力者 ―― 判断能力や経験が不十分である人

意思表示 ―― 一定の法律効果の発生を欲し、外部に表示する行為

代　　理 ―― 本人Aに代わって他者Bが意思表示をして、効果を本人に帰属させること

時　　効 ―― 一定期間続いた事実状態に、法律関係を合わせる制度（権利義務の発生や消滅）

不動産物件変動 ―― 不動産の所有権や抵当権などの新たな設定や移転を指す

```
抵 当 権 ── 債権者が債務の担保（不動産）に供したものについ
            て他の債権者に先立って、自己の債権の弁済を受け
            る権利
賃 貸 借 ── 当事者の一方が、ある物の使用や収益を相手方にさせ
            ることを約束し、相手方がこれに対してその賃料を支
            払うこと、引渡しを受けたものを契約が終了したときに
            返還することを約束することによって効力を生じる契約
```

②　借地借家法

「借地借家法」は文字どおり「土地を借りる」（借地）や「住まいを借りる」
（借家）など土地や住まいの貸し借りに関する規則を定めた法律である。

③　区分所有法

「区分所有法」は、正式には「建物の区分所有等に関する法律」と言う。世
にいう「マンション法」のことだ。マンションの居住関係等に関する規則を
定めた法律である。日本のマンション、敢えて「日本で言われるマンション」
という言い方をする。英語で言われるマンションは、本来、大邸宅や館を表
す言葉であり、日本で言われるそれとは全く異なるものだ。

「建物の区分所有等に関する法律」はマンションの一室のような、一棟の建
物の一部を独立した所有権の対象とすることができるようにし、その場合の
権利関係について定める日本の法律である。1962 年 4 月 4 日公布された。

④　不動産登記法

「不動産登記法」とは、土地建物を所有している権利を明確にし、その不動
産に関する物理的現況や権利関係を見えるものとして登記簿へ記載し公示す
るための手続法である。公示することによって、誰の不動産であれ、どこの

不動産であれ、広く誰もが登記所において、その情報を得ることができる。不動産業の実務では、この登記簿に触れる機会は多々ある。物件の情報を調べるには登記簿謄本を取得するのが一番だからだ。具体的には、どのような内容かというと、

- ・所 有 者──名前、住所等
- ・登記原因──実際の所有者がその不動産をどのような経緯で何時から所有したか（具体的には売買で取得したのか、相続で取得したのか等）
- ・土地・建物の物理的現況──土地・建物の所在や面積等
- ・抵 当 権──万が一所有者が債務不履行状態になった場合、対象の不動産による弁済を優先して受けることができる債権者等

概ね、このようなものが記載されている。

登記事項証明書サンプル

登記簿を見たことがない人は、近くの法務局へ行き、自らの住所や実家の土地・建物の登記簿謄本を取りよせるのも良いだろう。

実際の登記簿は、不動産ごとに異なる記載がされており、その不動産の歴史を見ることができる。中には細かく掘り下げていくと、読み解くのがかなり難しいものもあるものの、宅建試験の対策としては、そこまで深く理解する必要はない。基本事項の学習に留め、深入りは禁物だ。

法令上の制限部門

「法令上の制限」について、その内訳は①都市計画法、②建築基準法、③農地法、④国土利用計画法等となっている。設問位置と設問数はおよそ問15から問22までの合計8問程度出題される。

　この科目は専門用語や数字など覚えることも多いのだが、購入しようとする土地・建物に対して様々な制限（規制）を課す法令を勉強するのが良い。まずは「法令上の制限」の頻出分野から確認することにする。

①　都市計画法

　都市計画法は簡単に言うと、街づくりの計画（都市計画）作りに関する規則を定めた法律だ。例年およそ2問程度の出題がある。

　街づくりの計画となると、そこに住む人々に好き勝手に開発行為をされては困る。よく言われる言葉に、その開発行為が可能か不可能かを判断する「開発行為の許可」というものがある。

「開発行為の許可」は都市計画法の最重要事項となる項目である。宅建試験では最頻出問題であり、要注意である。

②　建築基準法

　建築基準法は、その名前のとおり建物に関わる規則が定められている。

　例年2問程度の出題だ。「建物の高さは？」あるいは「建物と敷地の割合は？」（いわゆる建ぺい率）など、あまり聞きなれない言葉が続くが「建ぺい率」や「容積率」等、その言葉の意味を理解してしまえば、それほど苦労する科目ではないだろう。

③　農地法

　農地法は、「法令上の制限」科目のうちの一つだ。例年ほぼ1問必ず出題

される。膨大な条文ではあるものの、決して複雑な法令ではなく、出題の条文は「3条、4条、5条」の許可に関する問題がほとんどで、得点源だろう。

次に、なぜ農地法の許可と不動産に関係があるか。農地法とは、食料供給を守り、農地を減少させる開発を規制する、つまり農地と農業を守り、育てるための法律となる。それは都市計画との関係で、無計画に農地が開発され失われることをなくするために必要な規制である。

・権利変動（3条規制）

・転用（4条規制）

・転用目的権利移動（5条規制）

を中心に得点源としよう。

④　国土利用計画法

国土利用計画法は、例年1問出題されている。近年では、その他の法令上の制限の中で出題されるようになっているものの、国土利用計画法はとてもシンプルな法律なので、完璧にしておこう。

国土利用計画法とは、国土利用計画の策定に関し必要な事項について定めるとともに、土地利用基本計画の作成、土地取引の規制に関する措置その他の土地利用を調整するための措置を講ずることにより、総合的かつ計画的な国土の利用を図ることを目的として制定された法律である。

宅建業法部門

「宅建業法」とは正式には「宅地建物取引業法」という名称である。「宅建業法」は不動産取引に関する業務を規制する法律のことだ。

不動産取引はお客様にとって一生に一度あるかないかの最大の取引や売買

であり、それらを無事に終結させるために様々な規制が宅建業法に定められている。それらを勉強するのが「宅建業法」という科目となる。

宅建業法に定められている規則自体はそれほど多くはない。そのために、他の科目と比べるとサラリと終わってしまうかもしれない。

しかしここで強調しておきたいのは、宅建試験の合格を目指す上では、「宅建業法」は最大の得点源であり、重要科目だということだ。「宅建業法」で点数を稼げなければ、合格はないと思ってほしい。何度も強調するがそれほど重要な科目なのだ。

多くの受験生が複数回失敗している状況をよくよく分析すると、宅建業法を軽んずる傾向が見える。どんな問題が出ても20問中最低でも17問、80%以上の正解が求められる。できれば100%正解が望ましい。むしろ100%の正解を得ることができる科目であり、まずは宅建業法で満点を得てから、他の科目の正解率を云々すべきだと思う。

最近では、問題数が減少傾向にあり比較的やさしくなっている。35条書面、37条書面、8種規制等の過去問に慣れることが重要だ。

筆者の場合、宅建業法を完全に習得するためのツールとして、宅建業法のためのカードを作った。宅建業法に定められている数値の正誤を明確にするためである。カードを作っておけば、それを利用しながら過去問をチェックすることができる。宅建業法のポイントは数字（日付、日時、期間等）の正確な記憶であり、正誤問題においては、数字の誤りがそのまま、足切りの判断基準となる。

「宅建業法」は、過去の試験で問われたことが少し形を変えて改めて出題されるという科目だ。「そんなことは分かっている」とおっしゃる方もいると思うが、だからこそ他の科目よりも過去問重視の科目となる。過去問重視の傾向が強くなるのは、繰り返し問われているからだけではない。先に述べたように、「宅建業法」では高い正解数が求められる。つまり、ケアレスミスであっても命取りであることを意味する。「ケアレスミス」については、い

くつかの原因が考えられる。まず、

・解答そのものに慣れていないこと

・解答する上で油断していること

・自分がどのようなミスをしがちなのかを分かっていないこと

——等が主な原因だと思われる。

　つまり、これらのケアレスミスを防ぐには、過去問を用いた問題演習を積極的に活用することが大切だ。そのためには頻出分野・項目を扱った問題に多く当たっていただきたい。繰り返しになるが「宅建業法」は、より正確な記憶が求められる。勉強の早い段階から正確に覚えることを意識してほしい。

　先述したとおりテキストに出てきた重要なポイントを確実に覚えるためにも、暗記用のカードを用意しよう。カードの作成は、特に「宅建業法」では有効だ。カードの有効利用といっても、すぐには納得しがたい方も多いと思うものの、作る手間を上回る効果がある。

　具体的には本試験の直前に絶大な効果がある。過去問にチャレンジしながら、「覚える→思い出す」を繰り返し「宅建業法」の出題内容に早めに慣れてしまおう。本試験の直前にカードを確認することで、完璧に問題が掌握できるのだ。

「宅建業法」は元来、一般のお客様を保護することを目的とした法律である。具体的には不動産取引のトラブルに備えた「営業保証金制度」「弁済業務保証金制度」がある。したがって宅建業者は「営業保証金」「弁済業務保証金」を受け取ることができない。他には紛らわしい広告を禁じる「広告に関する規制」がある。つまり紛らわしい広告をするだけで宅建業法違反となるのだ。

　不動産等を購入する前に情報提供を目的とした「重要事項の説明」があるが、これも注意すべきは契約の相手方にだけすべきことである点である。他

にも、必要以上にお客様から報酬を受け取ることを禁ずる「報酬額の制限」というものがあるが、これも一般の顧客を保護する目的で設けられている。なぜなら、適切な知識を持たない一般人には適正な価格は分からないためだ。

　以上「一般のお客様の保護」という視点で設けられた規制を挙げればキリがない。もし分からない分野・項目が出てきたら、一旦「一般のお客様の保護」の視点で見返してみることをお勧めする。

「20問中17問正解すべきだ」等、勉強を始める前には正直おじけづく受験生もいるだろう。少なくとも受験していた頃の筆者はそう感じていた。しかし数字にすると、非常にインパクトがあるが、いざ始めると意外と多くの方がクリアできる目標だ。

　だから、立ち止まることはせずに、まずは始めてみよう。一通り勉強が終わったら、暗記用のカードを作りながら、過去問にチャレンジしてみよう。何度も、同様の壁にぶち当たる分野・項目も出てくることだろう。筆者の場合には「8種制限（自らを売主とすることの制限）」の中のクーリングオフの項目を何度も間違えていた。「この分野・項目はあきらめよう」と思ったこともあったものの、合格の鍵である「宅建業法」である以上、諦めることはできなかった。他の分野・項目とは違い、かなり時間を要したものの、最終的には何とか間に合わせることができた。「宅建業法」は合格の鍵を握る要の科目である。決して油断することなく、確実に得点源としていこう。

税その他

　宅建試験の出題科目である「税その他」では税制に関する問題と不動産鑑定評価基準に関する問題が出題される。具体的には、不動産を購入した場合、新たに不動産を取得したとして地方税の中の自治体が課税する不動産取得税や、市町村が毎年1月1日（元日）の時点で不動産を所有する人に課税

する固定資産税等について勉強する。

このように宅建試験では「不動産取引に関する法令や関連知識について問う試験」であるから、不動産を購入するに当たって必要になる費用（税金等）の理解も求められる。

ただし、税理士のように税制に関する高度な理解が求められるものではなく、いわゆる不動産に関わる税制の入門的な内容を勉強する程度だ。

当初は専門用語が多く苦労するかもしれないが、慣れてしまえばポイントを絞って、深入りせず確実に得点源にすることができる。

筆者自身、地方公務員時代に滋賀県中部県税事務所に配属され、不動産取得税を担当する経験があったのでそれほど苦労はしなかった。

税制に関しては税理士、また不動産鑑定評価基準については不動産鑑定士というそれぞれのプロがいる。そのため宅建試験では税理士試験や不動産鑑定士試験で出題されるように専門的な問題ではなく、基本的なことが大部分である。

税制に関する問題は例年2問出題される。また不動産鑑定評価規準に関する問題は例年1問程度、およそ問25辺りで出題される。合格するために目指すべきは最低でも3問中2問の正解だ。わずか3問の出題であるものの、近年の合格者が高得点化していることを考慮すると、これらの科目でも全問正解を目指す必要がある。

「税その他」にも頻出分野がある。それぞれの分野ごとの出題傾向と併せて頻出分野について述べたい。

〈国税〉

国税とは、国が課税・徴収する税のことである。具体的には、宅建試験に関わる税目として「所得税」や「贈与税」および「登録免許税」がある。過去問を見ると「所得税（譲渡所得）」「印紙税」「登録免許税」「贈与税」が出題されるため、この分野を習得すべきだ。国税はこれらの税の分野が均等に

出題される。そのため各分野に対して準備する必要があるのだが、「印紙税」「登録免許税」は出題内容が比較的、一元的なので過去問等を中心に勉強することが肝要だ。

〈地方税〉

　地方税は、分かりやすく言えば都道府県や市町村が課税・徴収する税のことだ。地方税には、「不動産取得税」と「固定資産税」が出題されることが多い。出題の形式として、「不動産取得税」と「固定資産税」が交互に出る、つまり、「不動産取得税」が出題された翌年度は「固定資産税」が出題され、「固定資産税」が出題された翌年度は「不動産取得税」が出題されるといった流れになる。いずれも出題内容はかなり一元的で、深入りは禁物である。過去問等を用いて勉強することとして、他の科目・分野の強化に時間を使うことにしよう。

〈その他の分野〉

　その他の分野では「地価公示法」と「不動産鑑定評価規準」が出題される。これらの二つの項目は過去の試験に出題された内容が再度出題されたときは問題がないのだが、たまに全く出題されたことのない内容が出題されることもある。

　例年の正解率を見る限り、過去の試験で出題された内容に関しては受験生が正解できるものの、初見の知識に関するものが出題されると極端に正解率が落ちるという状況となっている。「その他の分野」では、ひとまず過去問を中心に準備しておく程度に留めよう。

　それでは、「その他の分野」の性格を見極めて、勉強法の解説に移りたい。

（point 1）

　専門用語を正確に理解することから始めよう。税法における専門用語に

は、各税法に共通するものが多い。

　例えば「課税主体」「課税標準」「課税客体」等の用語を聞いたことがあるだろうか。これらの用語は、税制を学ぶときには頻繁に出てくるものの、税制に学ぶときに出会うぐらいで、普段はほとんど目にすることはない。しかし、これら言葉の意味を理解していなければ、さっぱり分からないという厄介なものだ。

　具体例を挙げると「不動産取得税」で「不動産取得税における課税客体は不動産の取得である」という表現がなされている。初めて見るときにはさっぱり分からないだろう。ここで「課税客体」という用語が「税を徴収する原因（納税義務の原因）」という意味だと分かればどうだろう。「不動産取得税における課税客体」というのは、つまり「不動産取得税という税を納める原因」のことであることが分かる。

　つまり「不動産取得税」という税を納める原因は、不動産の取得である（言い換えれば、不動産の取得によって、不動産取得税の納税義務が生じる）という意味であることが分かった。

　このように、税制を学ぶ上ではそこで用いられる様々な専門用語をきちんと理解しておく必要がある。

　専門用語が分からないと、外国語の会話のように、まるで内容の理解ができない「税その他」を勉強する際は、他の科目よりも専門用語の重要性を意識することが肝要だ。

　専門用語については、個々の税法上の用語について記載されたテキストを十分に活用し、分からないままにせず、何度も読み返すことが有効だ。

　次に過去問の表現内容に慣れ、その意味・内容を正確に把握できるようにする訓練を行う必要がある。先述のとおり、勉強する範囲を絞る必要のある分野・項目もあるため、過去問による問題演習を意識して行うこととしよう。

point 2

「税その他」は一般に思われているより問題の難易度が明確だ。易しい分野は、国税では「印紙税」「登録免許税」、地方税では「不動産取得税」「固定資産税」、その他の分野なら「地価公示法」が比較的易しい問題構成となっている。それらの分野・項目ごとの難易度を把握し、易しい分野の問題が出題されたら確実に理解できるよう準備をしておこう。

point 3

「税その他」は例年3問の出題となっている。確かに重要な科目だが「宅建業法」の例年20問と同じぐらいの時間をかけて、勉強するべきかと言えば、その対応は変わるだろう。何度も繰り返すが、例年3問しか出題されないのだから、それにかけるべき努力の量はおのずから限られる。易しい分野の科目に重点を置き、冷静な割り切りが重要な科目であることを忘れないようにしよう。

税その他のまとめ

　最後に、合格点を取るうえで知っておきたい「税その他」の勉強法について述べる。

　独学で宅建試験の合格を目指す場合、参考書の内容すらさっぱり分からないだろう。それは、専門用語を知らない人を想定した教科書（つまり市販の教科書）が参考書の中にはほぼ存在しないためだ。しかし現在では専門用語について分からなければ、インターネットで簡単に検索できるため、分からない言葉は逐一確認しながら勉強を進めることを推奨したい。

　正しく要領よく、的を絞って勉強すれば、「税その他」は短期間でしっかり合格点を稼げるようになるはずだ。

免除科目について

　前述の通り、宅建試験には「5点免除制度」という制度がある。これは、試験問題全50問のうち特定の5問の解答が免除され、その合格点が通常の受験生と比較して、5点下がる制度だ。

　端的に言えば、合格点を引き下げる制度である。解答する必要のある問題数が45問に引き下げられる。問題数が引き下げられるため、試験時間も通常受験者より10分短く、110分となっている。

　宅建受験者にとって、5点免除には2つのアドバンテージがある。まず5問免除されるということは、その分の勉強をする必要がなくなるので、勉強量を圧縮することができること。そのため免除科目以外の勉強に集中することができる。

　次に、免除された分合格点が下がるので、5問免除者の合格に必要な点が減り、その分合格のボーダーラインが下がる。

　実際、令和元 (2019) 年度試験では、一般の受験生は70％以上の正解率 (50問中35問以上の正解) が要求された。他方、5点免除者は66.7％以上 (45問中30問以上) が合格ラインとなった。つまり、通常受験者に対して3％ほどボーダー下限が下がるのだ。

　このような理由から、宅建試験では5点免除は利用した方が圧倒的に有利な制度といえる。

　では、5点免除になる条件はどのようなものだろうか。

　このことについて、不動産適正取引推進機構 (宅建試験の主催者) は、

　・「登録講習修了試験」に合格していること
　・登録講習修了日から3年以内であること

の2点を定めている。

　なお、登録講習を受けるために、宅地建物取引業に従事していること（従業者証明書を保持すること）が必要条件となる。従業者証明書は正社員に限らず、パートやアルバイトに携わる従業員も持つように決められている。そのため、不動産業で働いていれば、非正規雇用者でも登録講習を受講することができる。

　注意すべきことは、5点免除の特典は登録講習を修了して3年以内に限られる点だ。したがって、登録講習を修了した場合には短期の合格を目指すこととしよう。

　5点免除になるための必要な講習について5点免除を目指したいと思った場合、どのような講習や日程があるのだろうか。登録講習の実施機関は国土交通大臣の登録を受けた機関である。どのような機関があるかは、『国土交通省　登録講習の登録講習機関一覧』のページを参照してほしい。

　講習修了のスケジュール等目安は、通信学習2ヶ月、スクーリング（講習）2日間、修了試験1時間となっている。講義費用は1万円から1万9千円が相場だと思われる。

　通信学習ではテキスト一式をスクーリングまでに学習するよう指示される。課題の提出やDVD・オンライン授業というものはないので、自分のペースで学習することができる。スクーリングはそれぞれの資格スクールの会場に集まり講義を受けることが多いようだ。2日間で合計10時間ほどの講義になる。1日目は宅建業法、2日目は民法を中心に学習する。両科目とも宅建の試験範囲の大きな割合を占める部分であり、試験勉強と兼ねることができる。最後に終了試験が行われるが、スクーリングで習った範囲から出題される。1問5点、20問で100点満点。このうち70点以上で合格となる。

　合格点は高めに設定されており、もし落ちても再試験が行われ受験生にとって安心な試験となっている。しかし可能な限り一発で合格できるよう全力をつくすべきだろう。晴れて修了試験に合格すれば、1週間ほどで終了証

明書が交付される。これを宅建の受験申込書に同封することで、5点免除の有利な条件で受験することができる。

通常受験者—— 5 点免除者の比較

　前記のそれぞれの合格率について、この章の扉にある表に5点免除者の数字を足したものを掲載する。

　通常受験者が13 〜 18％で推移しているのに対し、5点免除者は2020年度、2021年度12月実施分を除いては、受験者全体よりも高い合格率で推移していることが分かる。5点免除者が全体受験者の合格率を引き上げていることが伺える。それぞれの合格率を比較すれば5点免除者と通常受験者との差は、2〜7ポイント程度となっている。通常受験者より合格しやすい傾向があり、5点免除の受験者は合格率から見ても有利になっていると言える。

年度	受験者数（人）	合格者数（人）	合格率（％）	5点免除合格者（人）	5点免除合格率（％）
2020（10 月試験）	168,989	29,728	17.6	8,902	19.6
2020（12 月試験）	35,258	4,609	13.1	68	10.7
2021（10 月試験）	209,749	37,579	17.9	10,427	21.3
2021（12 月試験）	24,965	3,892	15.6	−	受験者無
2022	226,048	38,525	17.0	8,151	17.3
2023	233,276	40,025	17.2	11,927	24.1

※表は合格者情報より作成

　繰り返しになるが、かなり大事なことなので、5点免除について、詳しく述べたい。宅建試験の5点免除を申し込む場合には、毎年7月の受験の申込時期に、受験の申込と同時に申請する。郵送の場合、登録講習修了者証明書

の原本を申込用封筒に同封する。インターネットで受験申込をする場合は原本の提出は不要だ。ただし「インターネット申込が出来ない講習の修了者」または「登録講習修了証明書の氏名と現在の氏名が異なる方」はインターネットによる申し込みができないため、郵送による申し込みとなる。

　以上が5点免除についての説明となる。概要は次のとおり。

① 　5点免除は宅建試験の問題解答を5問免除する制度である
② 　5点免除の場合、他の科目に集中して勉強できること、合格ラインが下がり一般の受験生よりも有利になることという2つのメリットがある
③ 　5点免除には登録講習の修了が必要である。登録講習は宅地建物取引業者（非正規等も含む）でなければならない
④ 　登録講習は約1万円〜1万9千円の講習費用を要する。また、修了試験に合格しなければならない
⑤ 　通常受験者と5点免除の合格率は（一部試験を除き）2〜7ポイント程度の差があり、5点免除者は一般の受験生より、断然有利に受験することが可能
⑥ 　5点免除を申し込むには、宅建受験申込と同時に申請する必要がある

　取り組み方と有利になる条件はきちんと生かそう。

　宅建試験は、誰でも受験できる。だからといって決して甘く見てはいけない。取っつきやすい試験ながら、一般に言われる「競争試験」なのだ。わずか1点の差で合格した人、そうでない人に明確に分かれる。不合格の結果、受験を断念する人もおり、再受験を決意してもまた1年勉強して受験を継続しなければならない。わずか1点の差で大きく明暗が分かれる。合格ライン（合格基準点）は公表されているものの、合格基準点前後には多数の受験生がひしめきあっている。

　繰り返しになるが、5点免除の要件はしっかりとご確認いただきたい。

以上、急がば回れの諺の如く、一度で試験を終えるための最短のツールであることを認識していただきたい。何よりも他の科目の勉強法云々より５点免除を受ける方が合格への近道なのだ。

　宅建試験当日に最高のパフォーマンスを引き出すための注意すべき点については、様々な試験そのものについての準備や心構えと併せて最後の章にまとめた。
　宅建試験に最高のパフォーマンスを発揮するための心得はとても大切だ。今まで積み上げてきた勉強の総仕上げだ。難しいことは何一つない。本ページを参考に自分流にしっかり心がけいただければと考えている。

最後のエール

　宅地建物取引士試験は、競争試験である。大袈裟な言い方かもしれないが、選ばれし者だけが栄冠を手にすることができるのだ。ありとあらゆる努力を惜しまず、全力で試験に挑もう。
　あと５分あればできていたとか、自己採点ののちにあと一問解答できていればなどの『たられば』は通用しない。結果のみがすべてなのだ。

　「まずは宅建」のサブタイトルのとおり、宅建は資格の中でもとりわけ人気があり、特別な経歴がなくても誰もが受験できる国家資格だ。

　もし、資格に興味があるのなら、少しハードルが高いかもしれないが、将来、有益なおすすめの資格の一つだ。

　筆者が資格にチャレンジすることを決意し、さらに今でも仕事に活かせている有益な資格の一つとなっている。

　まずはチャレンジ。あなたのヤル気で明るい将来への旗印となることだろう。

第 2 章

測量士補・土地家屋調査士

人生の転換となる有望資格

資格データ（2024 年 5 月時点）

認 定 団 体：法務省

試 験 形 式：筆記試験・口述試験（1 人 15 分程度の面接方式による試験）

時期・頻度：年 1 回（筆記は 10 月第 3 日曜日、口述は翌年 1 月下旬）

土地家屋調査士の近年の受験者数と合格率

年度	受験者数（人）	合格者数（人）	合格率（％）
2018 年	4,380	418	9.5
2019 年	4,198	406	9.7
2020 年	3,785	392	10.4
2021 年	3,859	404	10.5
2022 年	4,404	424	9.6
2023 年	4,429	428	9.7

測量士補、土地家屋調査士は、受験資格は特になく、誰でも受験することができる試験だ。章のタイトルを、測量士補および土地家屋調査士の二つの資格を一括りにしたのは、最終の土地家屋調査士試験に照準を合わせているためだ。

　土地家屋調査士の国家資格を取得するには２つの方法がある。

---

① 　法務省が行う国家試験に合格する方法
② 　法務局において実務を経験し法務大臣の認定を受ける

　ほとんどの登録調査士が①の国家試験を受験する方法で資格取得している。ここで土地家屋調査士と測量士補の記載を一緒にしているのは、測量士補の資格を有していれば土地家屋調査士試験の午前中の測量に関する部門の受験が免除されるためだ。

　測量士補に関する所管は国土交通省国土地理院である。測量士補に関する詳細は国土交通省国土地理院のホームページを参照してほしい。

　土地家屋調査士に合格するためには、午前中の測量に関する試験が免除されることが必須だ。筆者の経験からも参考書と問題集を使って独学でクリアすることも可能だと思う。

測量士補試験について

　測量士補とは、測量業者に従事して、測量をサポートするための国家資格である。測量士が作成した計画に従い、これを実施する業務を担当する。測量士補試験に合格すれば、土地家屋調査士試験の午前の部の免除を受けることができる。

　測量士補は、独学で勝ち抜くことが可能な試験だ。筆者も参考書２冊と過

去問集とおよそ2～3ヶ月の勉強のみで合格することができた。正しく勉強すれば——どのように取り組めば合格が可能なのだろうか。

　測量士補試験は、絶対評価の試験であることは間違いない。全28問のうち18問以上の正解（約64％）で全員合格となる。そのため受験生間の競争がなく、一定のレベルにあれば合格が可能である。

　また測量士補試験は、「過去問が繰り返し出題される」という特徴がある。この傾向は、十分傾注する必要がある。そのため過去問の演習を重ねることで、基本的な事項をマスターできる。

　具体的には、約4年分の過去問をマスターすれば、おおよそ本試験の問題の65％をカバーすることができる。つまり、約4年分の過去問を中心に勉強すれば、独学でも合格点に達するということだ。さらに7年分の過去問をマスターすれば、本試験の約80％をカバーすることができる。

　国土地理院のホームページに測量士補試験の過去の試験問題がアップロードされている。この測量士補試験の問題を見て、これらの問題をマスターするにはいかほどの時間が必要か考えてみていただきたい。筆者を含め数人の独学合格者へ聞き取ると、およそ3年分の過去問をマスターすれば大方の内容の把握ができるようだ。過去10年分の過去問を演習したという人も多くいた。1年度当たり平均2～3時間で演習できるので、過去問演習の勉強時間は20～30時間程ということになる。まったく測量についての知識がない人でも約200時間程度という目安もあるので、参考にしていただきたい。

　また計算問題については要注意だが、出題のパターンがあるので、尻込みすることなく、いくつかのパターンの計算問題に慣れてしまおう。数値を変えたりする繰り返しの出題が多いため、数学を学ぶというよりは、パターンに慣れてその対策をするという勉強となる。

　ただし計算問題は図式化する等、各自が理解しやすくする工夫をして、必ず問題を解くことを勧める。エイヤと計算もせずに択一の問題を解答するのでは墓穴を掘ることになってしまう。2～3時間をとれれば、1日に1年度

分の過去問演習ができるうえ、細切れの時間を使った勉強であってもロスにはなりにくいため、仕事を持ちながらの受験に向いた資格だ。

「過去問が繰り返し出題される」という特徴の裏返しとして、同じような問題が過去問に多く含まれているということにもなる。

例えば、よく出題される問題に「測量とは？」という問題がある。

過去10年間でも次のように出題されている。

[H22 問1 肢ア] 「測量」とは、土地の測量をいい、地図の調整および［ア］を含むものとする。

[H23 問1 肢ア] 「測量」とは土地の測量をいい地図の調整および［ア］を含むものとする。

[H24 問1 肢ア] 「測量」とは土地の測量をいい、［ア］及び測量用写真の撮影を含むものとする。

[H27 問1 肢a] 「測量」とは、土地の測量をいい、地図の調整及び測量用写真の撮影を含むものとする。

[H28 問1 肢1] 「測量」とは、土地の測量をいい、地図の調整及び測量用の写真の撮影は含まないものとする。

[H30 問1 肢1] 「測量」とは土地の測量をいい、地図の調整及び測量用写真の撮影を含む。

以上のように、ほぼ同じ文章が毎年繰り返し、出題されていることが分かる。このことに注力できれば、より省力、省時間で過去問をマスターすることができる。

独学受験生向けの書籍などでは、このあたりの重複論点を考慮して問題を掲載しているので、使い勝手がよいものがあると思われる。

過去問演習の時間は30時間ほどなので1日の勉強にあてられる可処分時間から逆算することで、「測量士補の勉強をいつから始めるのが自分にとっ

て一番良いか？」が分かる。

　例えば1日1時間勉強できるなら、試験日の1ヶ月前から勉強を始めれば、早い人なら本試験当日に自身のピークを持っていくことができるだろう。もちろん、過去問演習の前に知識のインプットが必要だ。過去問だけでも、合格することはできるかもしれないが、過去問に出てくる用語や付帯条件を正しく理解することで、過去問の演習もスムーズに進めることができる。

　また、測量士補の受験を1度で合格するために各種受験校の通信講義を利用することでストレスなく、1日1時間程度の勉強でインプット講義を進め、1ヶ月前から過去問演習に入ることもできる。過去問演習のみの勉強より効率よく余裕をもって勉強を進めることができるだろう。

　最後に、測量士補試験ついて、土地家屋調査士試験とのダブル合格を目指すという人もいると思うが、STEP BY STEP、まずは測量士補試験に全力を傾注することが筆者はよいと考える。というのは、土地家屋調査士試験の合格者の多くが、午前中の測量試験の免除者であるからだ。このことを肝に銘じておいてほしい。

測量士補試験概要

　下記に測量士補試験の概要をまとめる（試験情報は2024年3月時点のもの）。

受験資格	制限なし
試験科目	択一式　28問　一問あたり25点で700点満点（450点以上合格）
試　験　日	5月第3週の日曜日
受験申込案内	1月上旬から三週間程度、国土地理院、各地方測量部、沖縄支所、各都道府県の土木関係部局の主務課、公益社団法人日本測量協会及び各地方支部にて直接交付。土木関係部局の主務課以外は郵送による請求も可。

受験申込手続き　簡易書留による郵送または持込

受　験　地　北海道、宮城県、秋田県、東京都、新潟県、富山県、
　　　　　　　愛知県、大阪府、島根県、広島県、香川県、福岡県、
　　　　　　　鹿児島県、沖縄県

受験手数料　2,850 円 (収入印紙)

登録手数料　15,000 円

特　　　記　途中退室の場合、問題の持ち帰り禁止。

土地家屋調査士試験について

　土地家屋調査士は、不動産の表示に関する登記につき必要な土地または家屋に関する調査および測量をし、登記の申請手続き等を代理する不動産の表示に関する専門家のことだ。

　土地家屋調査士試験の最終合格率は約 10％と非常に難易度の高い試験であると言える。章の扉に過去の合格者等の推移を載せているが、その中の 1 年を詳しく見てみよう。

「法務省令和 2 年度土地家屋調査士試験の最終結果について」より

〈概　　　　要〉

試験日筆記試験　(令和 2 年 10 月 18 日)

口 述 試 験　(令和 3 年 1 月 21 日)

出 願 者 数　4,646 名

受 験 者 数　3,785 名

合 格 者 数　392 名 (男 354 名　90.3％)

　　　　　　　　　　　(女　38 名　　9.7％)

合 　格 　率　10.36％ (受験者数に対して)

資格試験を受ける際、独学で学習するか予備校や通信講座を利用するか迷う人が多いだろう。結論から言えば、土地家屋調査士試験ほど難易度の高い試験に関しては、予備校や通信講座を利用して効率よく合格を目指すのが最良の方法だ。独学の場合は交通費、授業料がかからないものの、その分学習の進め方や重要論点が分かりにくく効率が悪いと言える。合格に何年もかかってしまえば時間や労力が無駄になり、結局コストもかかるということになってしまう。

　資格試験にチャレンジする意義は、現状からのキャリアアップ・ステップアップだ。現状からの脱出を何とか試みたい人にとって、資格へのチャレンジはおよそ10年後に努力が開花するということを肝に銘ずべきだろう。冒頭でも述べたとおり、資格、とりわけ国家資格と言われる資格は「正の財産」となりうるものなのだ。何が言いたいかというと、現状打破を願うということは、いきなりバラ色の職業に就けるということではないということだ。しっかりと現状の立ち位置を固め、そこからのステップアップを試みるために、資格にチャレンジする気持ちを持ち続けることなのだ。資格を持っているというだけで、収入が増えるとか顧客が向こうからやってくるということはない。資格に合格したなら、そこからがネクストステージの出発点なのである。

　ここで合格体験記についてその活用方法など、参考となる東京法経学院のホームページの〈土地家屋調査士合格体験記〉から筆者の体験を抜粋・掲載したい。

〈土地家屋調査士合格体験記〉（東京法経学院より抜粋）

　合格体験記は合格者が見出したヒントが多く隠れている。重要なのは、「自分に合った学習方法の発見」、その自分流に調整された「学習方法の継続」だ。筆者オリジナルの学習方法が具体的に紹介されている。自分にぴったりの学習方法は見つからずとも、少なくともヒントは含まれているだろ

う。ぜひ参考にしていただきたい。

　筆者が土地家屋調査士試験に合格したときに、東京法経学院に寄稿した合格体験記を掲載する。（以下合格体験記）

＊　　＊　　＊　　＊　　＊

「50歳からのチャレンジ」

（プロフィール）	合格時の勤務状況──無職
	合格時年齢──────57歳
	受験回数──────6回
	最終学歴──────4年制大学経済学部卒
	一日平均学習時間（直前期）──4時間
	〈体験記──平成21年度合格〉

①　独学でのスタート

　職業を持ちながら土地家屋調査士を目指すことは中々大変なことであり、私の場合勉強をスタートさせたのは、実際のところ退職後に何をするか、退職後の仕事として土地家屋調査士を目指そうと決意したのがその動機だった。

　平日に本科に通学することなど、もちろんできないので、基本書を頼りに独学でスタートしたのが、50歳を過ぎた頃。国家試験にチャレンジするのに年齢は関係ない。やる気と実力が備わり、受験手数料を払えば誰でも受験できる。素晴らしい制度ではないか。最初に取り組んだのが、基本書を通読、精読、熟読と三段階に読み進む。精読をする頃には必ず条文、準則、細則を確認する。こうして基本的な知識は独学でも習得できる。

（ キーワード ）

基本書は必ず、通読、精読、熟読と面倒がらずに三段階に分けて読み進む。

②　答練（答案練習）について

　はじめは通信での答練を受けたが、答練はやはり本試験と同じ時間、同じ条件で受験すべきであると、後でわかった。幸い仕事をしながらでも、答練は土日いずれかの日を選択して受験することができた。筆者の場合も片道約２時間の電車通学であったが、通信では決して得られないものが通学にはあると断言できる。通学をためらったために失われた時間の重大さに初めて気づかされた。

　筆者の体験からすれば、一度でも答練の成績で良い結果がでるようになると、さらにやる気が鼓舞されるものである。答練をガイド役にして自己の実力を高めていくことができる。

　答練の成績は本試験に直結している。すべてＡ判定を目指すべきであり、安定的にＡ判定の成績を残せれば自ずからから結果がついてくると断言できる。本試験での結果は答練の結果の延長上にあると考え、答練で全力を出し切ることに専念するのが王道であることを確信した。

　受験期間が数年に及ぶと本当に合格することができるのだろうかと、不安にかられ受験を継続するか、それとも諦めるのか悩むところである。受験を継続するか、それとも諦めるのか、筆者が下した決断は答練を最終目的の道しるべと考え、答練の成績・結果が一昨年より昨年、昨年よりも今年と安定的に上向いているかどうかであった。

　そうであれば、心配はいらない。受験を継続することに何の不安も感じなかった。

　やがて先の見えないトンネルを抜け出すことができると確信できたからである。

③　本試験では

　本試験で与えられる条件はすべて同じである。150分の試験時間を効率的に使用するよう準備しておくことは当たり前のことではあるものの、時間が足らなかったからできなかったとか、もう10分あればできていたというのは理由にならない。

　具体的には択一で45分、建物書式で50分、土地書式で55分というように、すべてやり切るような時間配分を立てるべきであると思う。見直すための時間はたぶんないと思う。本試験で完璧を目指すことは必要だが、完璧に問題が解けないとしても、合格できる道を探すべきである。それは本年（平成21年試験）の土地問題について地積測量図のかなりの部分を書くことができるし、1点、2点と点数を稼ぐことができたはずである。

　完璧を目指す前に合格する方法をイメージすべきである。土地の問題で解法が分からずに20分、30分とロスしたら、それだけで本年のチャレンジは終わってしまう。まずは分からない部分は後回しでもよいから、点数を稼げる部分から仕上げるべきである。本年の問題で言えば、土地の問題に比べて建物の問題が比較的容易であったと誰もが思っただろう。でも平易であればこそ、絶対にミスは許されない。登記の目的、添付書類、申請人それと建物の種類・構造・床面積・原因・日付そして建物図面と各階平面図を完全にかつ慎重に仕上げることが必要である。何よりも他の誰もができることは絶対に落とさない。極論すればみんなができないところはできなくてもよいということである。

　合格することは自分との闘いであるとよく言われるが、まさに合格するというのは択一で16問以上正答するということ、そして土地・建物書式で7割以上の点数を取ることのみである。そのことが顕著に表れたのが本年の試験であったように思う。

④　マクドナルドでの自習の勧め

　いかに本人の知識が深く、計算能力が高くとも、試験本番でその実力を出し切れずに失敗をする人は多いと思う。私自身もそんな中の一人かもしれない。知識量を多くし、法令を熟知することは勉強に打ち込み計算問題を解いているうちに自然と身につくだろう。

　しかし普段は何でもない問題でも異常な緊張状態では100％の持てる力を発揮できないのが当然だろう。いわんやミスの許されない本番では120％の力を出すことは不可能であろうと思う。そこで筆者は試験本番でパニックに陥らない術はないかと色々と試行錯誤し、例えば座禅に取り組んでみたり、写経に取り組んだりもした。しかし問題の解決には至らなかった。

　そこで筆者は合格へのシナリオを完成させるためには、漫然と臨んでもだめだと思い、答案練習会を通して合格するために、答案練習会の結果を細かく分析することから始めた。

　筆者の場合の前提では、およその答練その他の試験で出くわす問題で解けなかったという場合は全体の5％、言い換えれば95％は過去問であり、ケアレスミスがなければ解けていたという場合が5％、つまり普通ならば90％の問題を解くことができるという結論に達した。実際におよその答練でそのような結果が出ていた。そうすれば本試験では実力の90％の力を出せば、つまり81％の解答をすることができて、80％の合格ラインに達することができると考えた。

　本試験で90％の力を出し切ることができるようになるために、本試験本番で周囲が気になったり、分からない問題に出くわしてもパニックに陥ったりしないためにはどうすればよいか思案しているうちに、何度かマクドナルドの店に通って、そこでコーヒーを飲みながら復習をしているうちに、店内の状況が試験本番の雰囲気に、よく似ていることに気がついた。大きなボリュームのBGM、客の笑い声で騒がしい店内、そんな中で時間を測り答練

の問題を解くことを勧める。

　騒がしい店内で問題を解き、またそれを何回か繰り返しているうちに、周囲のことが全く気にならない自分に気づくだろう。それは試験会場をシュミレーションしているのと近しい。我々は本試験のような雰囲気のところで答練を受けていなかったから、周囲が気になってペースを乱していたのである。

column

　土地家屋調査士試験は決して簡単な試験ではない。合格すれば、表題のとおり「人生の転機となる有望資格」だと言える。とりわけ女性が活躍しやすい職種だ。合格率は8～10％、全国での合格者数は400～500人程度。じっくりと実力をつけて受験すれば合格できる試験だろう。ただし、筆者の周囲にもいたが数学（高校レベル）が不得手の人は厳しい試験となる。

　試験における時間配分やポイントを確実に稼ぐ戦略等を挙げればキリがない程の困難さがある。それは合格率や合格者数を鑑みても、決して安易な試験ではない。

　まずはチャレンジ、1％の可能性があれば努力を継続して、100％まで伸ばすことが可能だ。しかし受験を諦めてしまえば可能性は0％である。

　あなたのヤル気で、人生を切り開けば、近い将来きっとあなたの役に立つ資格といえるだろう。

第3章

管理業務主任者

宅建からのステップアップ

資格データ（2024 年 4 月時点）

認 定 団 体：国土交通省

試 験 形 式：マークシート（四肢択一）

時期・頻度：年 1 回（12 月）

近年の受験者数と合格率

年度	受験者数（人）	合格者数（人）	合格率（％）
2018	16,249	3,531	21.7
2019	15,591	3,617	23.2
2020	15,667	3,739	23.9
2021	16,538	3,203	19.4
2022	16,217	3,065	18.9
2023	14,652	3,208	21.9

管理業務主任者資格とは

管理業務主任者資格に対する筆者の見方、考え方について述べる。

管理業務主任者資格は独占業務ではない

管理業務者資格はそれ自体独占業務ではない。従ってそれだけで、独立・開業することはできない。しかし不動産関係の仕事に携わる人であれば資格取得によるアドバンテージがあると思う。

定年後マンション管理員などの仕事に有利である

昨今人出不足が言われるが、マンション管理員として高齢者の採用がなされるようになった。その折、管理業務主任者資格があれば再就職に有利だと思われる。

知人にもマンション管理員として、昼間のパートタイムを利用して勤務している方がいる。この資格があれば採用に有利だろう。

「マンション管理士」との比較

「管理業務主任者」との比較で「マンション管理士」が挙げられるが、難易度は「マンション管理士」ほど高くはない。「マンション管理士」は名称独占資格ではあるが「管理業務主任者」はそうではない。管理業務主任者とは、マンションが住宅の中でも重要な位置を占める居住空間となりつつある昨今において、マンションの適正な管理の実施が求められるために設けられた国家資格である。

こうした背景にあって、管理業者の事務所ごとに設置が義務づけられている管理業務主任者は受託した管理業務の進捗状況の点検・報告等マンション管理のマネージメント業務を行う。

受験資格その他について

　受験資格その他試験の概要は次のとおりだ。年度ごとに内容が一部改訂される可能性があるため、その事に留意して、最新の情報を得るよう心がけてほしい。管理業務主任者試験は、年齢、性別、学歴等の制限はなく誰でも受験可能だ。

　管理業務主任者として業務に従事するには試験に合格後、登録を済ませ主任者証の交付を受けなければならない。登録を受けるには、以下のいずれかが必要だ。

---

① マンションの管理事務に関する実務経験が2年以上
② ㈳高層住宅管理業務協会が国土交通大臣の登録を受けてする登録実務講習（2日間、約15時間）の修了

〈試験内容〉

　四肢択一式の試験が、以下の内容について行われる。

---

① 管理事務の委託契約に関すること
② 管理組合の会計の収入および支出の調定ならびに出納に関すること
③ 建物および附属設備の維持または修繕に関する企画または実施の調整に関すること
④ マンションの管理の適正化の推進に関する法律に関すること
⑤ 前各号に掲げるもののほか、管理事務の実施に関すること

※マンション管理士試験の合格者は④が免除される

〈申し込み期間・申し込み方法〉

　例年　9月上旬〜下旬

（郵送の場合）：受験申込書等を受付期間内に案内書に記載された宛先に郵
　　　　　　　　送する。

（オンライン）：㈳高層住宅管理業協会のホームページ（http//www.
　　　　　　　　kannrikyo.or.jp）で必要な事項を受付期間内に送信のうえ、
　　　　　　　　プリントアウトした受験申込書等を指定の締切日までに
　　　　　　　　ホームページ上で指定された宛先に郵送する。

〈試 験 期 日〉　12月上旬（年1回）

〈試　験　地〉

　北海道、宮城県、東京都、愛知県、大阪府、広島県、福岡県、沖縄県
　及びこれら周辺の地域（8地域、16会場）

　　　※受験申込後の受験地の変更はできない。受験会場は受験票発行時に指定される。

〈受験手数料〉　8,900円（非課税）　　　※web申し込みは別に手数料がかかる

ガイダンス──勉強を始める前に

　管理業務主任者は、マンションの管理会社が管理組合と管理委託契約の締
結前に行う重要事項の説明や、契約締結後に交付する管理委託契約書への記
名押印等の法定業務を担うものであり、マンション管理会社の事務所ごとに
法定の人数の設置が義務づけられている国家資格である。

　試験の合格率は、20％前後である。ここ数年は試験問題の難易度が上昇傾
向にあり、単なる丸暗記型の勉強では合格が困難になっているようだ。

管理業務主任者試験の過去 12 年間の受験状況

　章扉に上げた過去の合格状況についてさらに詳しく目をやろう。表は、過去 12 年の受験・合格状況だ。

実施年度	受験数（人）	合格者数（人）	合格率（%）	合格点（点）
2012	19,460	4,254	21.9	37
2013	18,852	4,241	22.5	32
2014	17,444	3,671	21.0	35
2015	17,021	4,053	23.8	34
2016	16,952	3,816	22.5	35
2017	16,950	3,679	21.7	36
2018	16,249	3,531	21.7	33
2019	15,591	3,617	23.2	34
2020	15,667	3,739	23.9	37
2021	16,538	3,203	19.4	35
2022	16,217	3,065	18.9	36
2023	14,652	3,208	21.9	35

管理業務主任者試験の出題範囲

	試験項目	内容	呼称
(1)	管理事務の委託契約に関すること	民法（「契約」及び契約の特別な類型としての「委託契約」を締結する観点から必要なもの）	民法・区分所有法等
		標準管理委託契約書など	管理委託契約書・規約・会計・その他関連知識
(2)	管理組合の会計の収入および支出に調定ならびに出納に関すること	簿記・財務諸表論など	管理委託契約書・規約・会計・その他関連知識

(3)	建物および付属施設の維持及び修繕に関する企画または実施の調整に関すること	建築物の構造および概要、建築物に使用されている主な材料の概要、部位の名称など建築設備の概要、建築物の維持保全に関する知識およびその関連法令（建築基準法、水道法など）、建築物の劣化、修繕工事の内容及びその実施の手続きに関する事項など	マンションの維持・保全等、マンション管理適正化法
(4)	マンションの管理の適正化の推進に関する法律に関すること	マンションの管理の適正化の推進に関する法律、マンション管理適正化指針など	管理委託契約書・規約・会計・その他関連知識
(5)	(1)〜(4)に掲げるもののほか、管理事務の実施に関すること	建物の区分所有等に関する法律、集会に関すること等管理事務の実施を行うにつき必要なものなど	民法・区分所有法等
		標準管理規約	管理委託契約書・規約・会計・その他関連知識

学習の進め方

　本試験の出題傾向としては、過去問にないテーマからの出題や事前準備では正解が導きだせない『難問』もあるものの、資格創設以来10数年、全体としては毎年同レベルの難易度の出題であることだ。

　合格レベルに到達するために、《管理業務主任者試験の出題範囲》のうち、まず出題数が多く、出題内容もある程度確定している「法令実務関連の分野〈(1)(2)(3)(4)(5)〉」でしっかり得点できる力を付けることが必要不可欠だ。

　しかし、これらの分野に対して「(3)建築・設備関連の分野」では難問も多くみられ、学習の時間を割いたとしても、必ずしも得点に結びつくとは言えないため、むしろ過去問の範囲内の知識を確実に押さえる学習に徹するほうが効率的だと言われている。

　以上を意識しながら、自分に合った参考書をきっちりと読み進めて理解し、それに対応する範囲の過去問を解いて、自分自身の理解のレベルを常に

確認するという一連の流れを何度も繰り返すことが肝要であり、最善の学習方法だろう。

　次に過去問について、それぞれの出題の範囲や関連を列挙して試験対策に生かしてみよう。

①　民法

　民法は、多くの国家試験の根幹をなす法令であり、避けては通れない関門である。膨大な条数の法令であるものの、中核をなす部分はかなり限定的であり、試験内容の民法の部分は他の国家試験、例えば宅地建物取引士試験の出題範囲と重複するものもある。行政書士試験についても然りである。

　民法関連の出題は、例年8問程度だ。すでに宅地建物取引士試験を受験・合格している諸氏にあっては、もうお気付きだと思うが、その出題範囲がほぼ同じである。

　その根幹は「総則」「相続」である。民法の基本的な理解がないと区分所有法等の他の法律のマスターも困難となるため、当該試験にチャレンジする受験生はしっかりと理解していくことが必要である。

　まずは適宜の参考書を中心に理解するよう心掛けよう。そのうえで、過去の出題の頻出項目とその基本事項を正確に理解するよう努めることが王道である。

②　借地借家法

　借地借家法は、例年1問程度出題されるがない年もある。借地権については、ほとんど出題されず、借家権に関する出題が中心だ。民法の賃借権とも比較しながら、その基本事項（存続期間と更新、対抗要件、造作買取請求権等）と定期建物賃借に関する事項を正確に理解するよう努めることが王道だ。

③　建物の区分所有等に関する法律（区分所有法）

　区分所有法は、マンション管理に関するもっとも基本的な法律であり、例年

10問程度出題される。加えて民法や標準管理規約との複合問題も散見される。

　当該試験において最重要科目と位置づけられる。難問は決して多くはないが、詳細な規定について出題されることもあるため、基本事項は繰り返し学習し、しっかり習熟しておくことが肝要だ。

④　被災区分所有建物の再建等に関する特別措置法（被災区分所有法）

　被災区分所有法は、政令指定災害によりマンションが全部滅失または大規模滅失した場合に適用される法律だ。平成7（1995）年の阪神・淡路大震災をきっかけに制定された。過去、平成19（2007）年に1肢出題されたのみであり、各決議の決議要件を中心に基本事項を押さえておけば十分であろうかと思う。

⑤　マンションの建替え等の円滑化に関する法律（建替え等円滑化法）

　建替え等円滑化法は、老朽化したマンションの建替え等の円滑化を図るための法律である。直近では、平成24（2012）、27（2015）、29（2017）、令和元（2019）、4（2022）年に各年1問出題されている。

　出題は建替えの主体である「建替組合」に集中しているので、過去問を中心に勉学を進め、その基本事項をマスターしておけば十分だろう。

⑥　マンション標準管理規約（標準管理規約）

　区分所有法や民法との複合問題を含めて、例年8問程度出題されている。

　標準管理規約は区分所有法と比較する観点で学習する必要がある。特に区分所有法の内容を変更する規定と、区分所有法に規定がないオリジナルの規定に注意することが肝要だ。各受験機関の参考書の条文以外の部分にも注意しておこう。

⑦　不動産登記法

　不動産登記法は直近では、平成23（2011）、25（2013）、28（2016）、30（2018）、令和2（2020）年に各1問出題されている。非常に専門的であるため、受験

対策としてはあまり深入りせずに、「登記の仕組みと手続」と「区分所有建物の登記」をマスターしておけば十分であろう。

⑧ 宅地建物取引業法

宅地建物取引業法は、例年2問程度出題される。ただし令和3（2021）、5（2023）年は1問であった。

頻出項目である「重要項目」と「契約不適合責任の特約の制限」を中心とした学習が必要だ。「契約不適合責任の特約の制限」は民法、品確法（住宅の品質確保の促進等に関する法律）、アフターサービスとの複合問題としても出題されるようだ。

出題範囲が広がりつつある科目であるものの、手は広げ過ぎずに過去問の内容をメインに習熟しておくのが最善策だろう。

⑨ 住宅の品質確保の促進等に関する法律（品確法）

品確法は直近で、平成22（2010）、26（2014）、28（2016）、令和元（2019）、2（2020）、4（2022）、5（2023）年に各1問出題されている。
「住宅性能評価」「紛争の処理」「瑕疵（契約不適合）担保責任」の3つが中心で、「瑕疵担保責任」からの出題が多いとされる。

民法の契約不適合責任に関する特則なので、品確法において民法の規定をどのように修正しているかに着目しながら、過去問を中心に学習するよう求められる。

⑩ アフターサービス

アフターサービスは、近年では平成24（2012）、27（2015）年度に各1問出題された。民法や宅建業法および品確法との複合問題として出題されることが多いようである。アフターサービスは、あくまで当事者の契約に基づく売買契約上の約定責任であるという点に注意して、法律に基づく瑕疵担保責任とは異なる点を正しく理解することが肝要である。

⑪ 消費者契約法

消費者契約法は、近年では、平成23(2011)、26(2014)、28(2016)、30(2018)、令和3(2021)年に各1問出題されている。「消費者契約の定義(消費者契約法の適用範囲)」と「消費者契約の免責条項の無効」に関する基本事項を、要領よくまとめて学習し、あまり深入りすることは避けるべきである。

⑫ 個人情報の保護に関する法律(個人情報保護法)

個人情報保護法は、近年では、平成25(2013)、27(2015)、30(2018)、令和2(2020)、5(2023)年に各1問、令和3(2021)年に1肢出題されている。留意すべきは「明暗の定義」と「個人情報取扱事業者の義務」であり、この二つの内容からの出題がほとんどである。あまり多くの学習時間を割かず、要領よくまとめることが肝要である。

⑬ マンションの管理の適正化の推進に関する法律(適正化法)

例年5問程度出題されるようである。適正化法から4問、基本方針(適正化指針)から1問の計5問というのが例年の出題パターンだ。

ただし、平成30(2018)年、令和2(2020)、3(2021)年は基本方針からの出題は見られなかった。

全範囲を網羅的に学習する必要はあるものの、難易度はそれほど高くはないと思われ、全問正解を目指したい科目だ。参考書を繰り返し読み返すことと、過去問の演習を繰り返すことで、正確な知識を身に付けるように心掛けたいものである。

⑭ マンションの標準管理委託契約書

古くは例年4問出題されていたが、近年では3問程度出題されるようである。試験の問題は、条文だけでなく、管理委託契約の具体的内容を定めた別

表や関係コメントについて触れた詳細な内容が出題される。

　まずは過去問を解いて、概要を押さえた上でテキストを繰り返し、細部に注意しながら読み込む必要がある。

　またマンション標準管理委託契約書は『マンションの管理の適正化の推進に関する法律（適正化法）』の規定に基づいていることを意識しながら学習することが肝要である。

⑮　管理組合の会計等

　会計に関する仕訳問題が２問、標準管理規約、標準管理委託契約書、適正化法等の会計関連の規定を問う問題が１問、税務・保険に関する問題が１問、管理費等の滞納処理に関する民事訴訟法等の知識を問う問題が２問程度出題されるのが、近年の出題パターンである。仕訳については簿記の知識が求められるような難問が出題される可能性はないとは言いきれないが、まずは過去問の範囲に留めるのが効果的だろう。

⑯　建築基準法等

　敷地、構造、設備や用途に関する基準である建築基準法からは例年３問程度出題されている。また建築関連の法律（耐震改修法、バリアフリー法等）・その他の諸法令からも２問程度出題されているようだ。詳細で技術的な知識を問われることも多々あるが、基本事項や過去問からの出題もあり、できる限り取りこぼしのないよう、過去問の範囲とその周辺知識を確実に押さえるようにするのが妥当な策だと思われる。

⑰　設備・構造等

　建築設備は、例年４問程度出題されているようだ。細かい知識が問われることも多い。しかし、「エレベーター設備」「給排水設備」「消防用設備」に関する基本事項を中心に必ず習熟するよう心がけよう。

また建築構造は、例年1問程度の出題ではあるものの、「RC 造の特徴」や「耐震補強の方法」に注目しておくのが良策である。

⑱　維持・保全

維持・保全は古くは3問程度であったが近年では5問程度出題されているようだ。

マンションの劣化症状やその診断・改修方法、長期修繕計画作成ガイドライン等が出題されているようである。技術的な知識が必要な科目ではあるものの、高度な専門知識は要求されないので過去問の範囲とその周辺の知識を確実に習熟しておけば十分だろう。

---

column

管理業務主任者とは、マンションの管理組合と業務委託契約を結ぶときに、重要事項の説明や管理事務報告を行うことのできる国家資格である。

組合運営に関連するマネージメント等組合の活動を支援する業務なども行う。

管理業務主任者には「設置義務」および「独占業務」が認められているが、現状ではさほど知名度が高くない。従って比較的、就職・転職に有利な資格と言える。

試験の難易度について、筆者の感想では「宅建」よりはやや低いように思う。この試験は「宅建」が競争試験であるのに対し、一定の基準をクリアすれば合格できる。試験形式は四肢択一のマークシート方式で、総問題数は50問となっている。

合格率は、およそ20％台で推移している（41ページ参照）。筆者の経験からマンション管理試験と同時に受験したが、管理業務試験の方が難易度が低いように感じた。

まずはチャレンジ、あれば就職・転職に有利、不動産関係の企業なら資格手当制度のある企業もあるそうだ。

宅建資格と組み合わせ、近い将来有益な資格となることだろう。

第 4 章

2級ボイラー技士

工場・事業所などで重宝される有望資格

資格データ（2024 年 1 月時点）

認 定 団 体：厚生労働省

試 験 形 式：筆記

時期・頻度：月 1 ～ 2 回

近年の受験者数と合格率

年度	受験者数（人）	合格者数（人）	合格率（％）
2018	25,601	14,297	55.8
2019	25,192	12,803	50.8
2020	16,089	9,400	58.4
2021	24,260	12,953	53.4
2022	23,978	12,227	51.0

２級ボイラー技士とは、工場・事業所のボイラー設置されている工場・事業所で資格者の設置が義務づけられる資格だ。

　危険物取扱主任者や電気工事士資格と併用することにより、さらに重宝される資格となっている。一定の講習を受けて、試験に合格すれば、これも特別な受験制限もなく誰もが受験できる。

「ボイラー技士」は、工業用以外にも給湯用や冷暖房用などを取り扱う専門家として全国的なニーズが高い国家資格だ。また書換えの必要がない終身資格であることも特筆すべき点だ。したがって、将来の生活設計に活かすことができる。

　はじめに、勉強を進めるに際して、市販の「２級ボイラー技士合格テキスト」を中心に、一読を薦めたい。

　市販のテキスト内容は『２級ボイラー技士教本改訂６版—社団法人日本ボイラー協会発行』に基づいている。

　筆者も市販のテキストを、さらっと通読することから始めた。最初からすべてを理解しようとせずに、一通り目を通すことから始めるのがコツだ。

「２級ボイラー技士」の試験について

試験概要

　試験については扉に簡単にまとめてあるが、下記に概要を記す（試験情報は 2024 年 3 月時点のもの）。

〈受験資格〉　制限なし

〈試験科目〉　「ボイラーの構造に関する知識」「ボイラーの取扱いに関する知識」「燃料及び燃焼に関する知識」「関係法令」　各 10 問 100 点

〈受験申込案内〉　公益財団法人安全衛生技術試験協会本部・各センター、免許試験受験申請書取扱機関で配布

〈受験申込手続〉 オンラインでの申請

〈試 験 日〉 月一度(開催するセンターによって違うので要確認)

〈受 験 地〉 北海道、宮城県、千葉県、東京都、愛知県、兵庫県、
広島県、福岡県

〈試 験 料〉 8,800 円

〈特　　記〉 免許の発行にはボイラー取扱いの実務経験又は実技講習・
研修の受講が必要

試験科目と出題形式

筆記試験は以下①〜④の4科目について行われ、各科目10問(100点)ずつ、計40問(400点満点)出題される。

試験科目	出題内容	出題数(配点)
① ボイラーの構造に関する知識	熱および蒸気、種類および形式	10問(100点)
② ボイラーの取り扱いに関する知識	点火、使用中の留意事項、埋火、附属設備および付属品の取扱い、ボイラー用水およびその処理、吹出し、洗浄作業、点検	10問(100点)
③ 燃料および燃焼に関する知識	燃料の種類、燃焼方式、通風及び通風装置	10問(100点)
④ 関係法令	労働安全衛生法、労働安全衛生法施行令及び労働安全衛生規則中の関係条項、ボイラー及び圧力容器安全規則、ボイラー構造規格中の附属設備及び附属品に関する条項	10問(100点)

筆記試験４科目の内容について

① ボイラーの構造に関する知識

　教本（合格テキスト）のレッスンに沿って勉強を始める前に、物理の必要最低限の知識を習得する必要がある。

（イ）　温度の単位

　日常的に使われる温度の単位［℃］は、セルシウス（摂氏）温度をいい、標準大気圧における水の凝固点、つまり、水が凍る温度を０℃とし、水の沸点、つまり、沸騰する温度を100℃としたものだ。その間を100等分した値が１℃となるわけである。

　ところで、温度にはもう一つの重要な単位がある。これは絶対温度と言い、ケルビン［K］が使われる。絶対温度を求めるのは簡単で、セルシウス温度の値に273（正確には273.15）を足す方法である。つまり－273℃が０ケルビン［K］となる。

　０ケルビン［K］は理論上の最低温度で、どんな物質も、それ以下の温度になることはない。

（ロ）　圧力の単位

　物体の表面など、ある面に対しては、その両側から垂直に押し付ける力が働いている。その力を圧力と言う。圧力は単位面積当たりに働く力で表される。

　単位は［Pa］。天気予報でよく聞くヘクトパスカル［hPa］という単位は、パスカルの100倍で、つまり、100Pa＝１hPaとなる。ボイラーの圧力は非常に大きな値なので、通常、パスカルの100万倍のメガパスカル［MPa］という単位が用いられる。

　さらにもう一つの単位が気圧［atm］で、海面の標準大気圧を１atmとし

たものだ。1 atm=1013hPa（約0.1MPa）に相当する。

（ハ）　比体積と密度

1kgの蒸気が占める体積を比体積と言う。単位は［㎥/kg］。比体積は、蒸気の圧力や温度に応じて変化する。

（ニ）　熱量・比熱

熱の量を熱量と言う。単位はジュール［J］。標準大気圧において、1kgの水の温度を1℃上げるためには、4.187kJの熱量が必要だ。

また、物質1kgの温度を1K（1℃でも同等）上げるために要する熱量を、その物質の比熱と言う。水の比熱は4.187kJ/（kg・K）ということになる。比熱は物質によって異なり、比熱の小さい物質ほど温まりやすく、冷めやすい。水は比熱の大きい範疇の物質であり、比較的温まりにくく冷めにくい物質と言える。

（ホ）　顕熱・潜熱

水に熱を加えると、水の温度が上がる。しかし、水の温度が標準大気圧において100℃に達すると、水が全部蒸発して水蒸気になるまで、温度は100℃のままで変化はない。このように物体に加えた熱は、物体の温度を上昇させるために費やされる場合と、物体の状態変化（上記の例では液体⇒気体の変化）のために費消される場合があり、前者を顕熱、後者を潜熱という。

液体の蒸発のために費消される潜熱は、蒸発熱ともいう。標準大気圧における水の蒸発熱は1kgにつき2,257kJである。

②　ボイラーの取り扱いに関する知識

ボイラーは燃焼に伴う炉内ガスの爆発の危険や、圧力による破裂などの危険が常に潜在している。

まずは、これらの危険性を排除し、ボイラーを安全に運転するために、正しい操作を行う事、そして日常の点検、保守を怠らないことが何よりも重要だ。

〈基本事項１〉ボイラーを正しく取り扱い、災害を未然に防ぐ

ボイラーの運転中は、燃焼に伴う炉内ガスの爆発の危険や圧力による破裂などの危険が常に内在している。これらの危険性を排除し、ボイラーを安全に運転するためには、正しい操作を行うことと、そして日常の点検、保守を怠らないことが何よりも重要である。

〈基本事項２〉燃料を効率よく利用するとともに、公害の発生を防ぐ

ボイラーの取り扱いにおいては、燃料を完全に燃焼させ、燃料の持つ熱エネルギーをできる限り有効に利用することが求められる。また燃料の燃焼により空気中に排出される煤煙を減少させ、公害の防止に努めることが求められる。

〈基本事項３〉ボイラーの寿命を長く保つための予防、保全を行う

どのように性能の良いボイラーであっても、日々の手入れを怠ると性能を十分に発揮できなくなり、故障も多くなる。

ボイラーを正しく管理し、寿命を長く保つには、ボイラーの容量や使用条件に合わせて、一年を通した日常の運転計画、保全計画を立て、それに従って管理を行うことが重要である。

〈基本事項４〉ボイラーの点火前の点検とその準備

ボイラーの運転を開始する前には必ず点検およびその準備を行う。次図はその点検およびその準備の主な内容である。これらが確実に完了していることを確認した後でなければ、ボイラーを運転してはならない。

図　ボイラー運転前の点検・準備

```
┌──────────────────────────────────────────────────────────────────┐
│  ( 水面計に詰まりはないか？ ) ➡ 水面計のコックを操作して確認         │
│          ※験水コック（ボイラー内の水位を知るために並べられたコック）が設けられている場合は、│
│            水部のコックから水が噴き出すか確認                       │
│                                                                    │
│  ( 水面計の機能は正常か？ ) ➡ 2個の水面計の水位が同一であるか確認     │
│                                                                    │
│  ( ボイラー水位は正常か？ ) ➡ 常用水位より低いときは給水を行う        │
│                         ➡ 常用水位より高い時は吹出しを行う          │
│                                                                    │
│  ( 吹出し装置の機能は正常か？ ) ➡ 運転前に吹出しを行う               │
│                                                                    │
│  ( 圧力計の機能は正常か？ ) ➡ 圧力がない場合は指針が0に戻っているか確認 │
│                         ➡ 残針（大気圧に戻っても圧力計の針が0の位置に戻ら│
│                            ないこと）がある場合は予備の圧力計と取り替える│
│                                                                    │
│  ( 給水装置の点検 )( 空気抜き弁を開いておく )( 燃焼装置の点検 )      │
│                                                                    │
│  ( 炉・煙道内の換気 ) ➡ 煙道の各ダンパを全開にし、ファンを運転して換気 │
│                                                                    │
│  ( 自動制御装置の点検 ) ➡ 水位検出器は水位を上下して機能の試験を行う  │
│          ※水位検出器の試験では、設定された水位の上限で給水ポンプが正確に停止し、設定された│
│            水位の下限で給水ポンプが起動することを確認する             │
└──────────────────────────────────────────────────────────────────┘
```

〈基本事項 5 〉 常用水位と安全低水面

　常用水位とは、ボイラーの正常運転のときの水位を言う。ボイラーの運転
中は、ボイラーの水位は常用水位を維持するよう努めなければならない。さ
らに、安全運転について、安全低水面とはボイラーの運転中維持しなければ
ならない最低の水面のことだ。ボイラーの重要なチェックポイントは、安全
水位が安全低水面以下に下がらないようにすることである。

③　燃料及び燃焼に関する知識

　教本（合格テキスト）の lesson に沿って勉強を始める前に燃料及び燃焼に
関する知識を習得することとする。

（イ）　燃料とは？

　燃料とは、空気中で容易に燃焼し、燃焼によって生じた熱などを、何らかの用途に利用できる物質を言う。燃えるものなら何でもよいわけでなく、燃料には次のような条件が求められる。

　・豊富に存在し、容易に調達可能なこと

　・貯蔵、運搬が容易なこと

　・取り扱いが容易で、安全、かつ無害であること

　燃料として使用される物質は様々で、実際には、それぞれの目的に応じて、最も効率がよく、コストの安い燃料が選択される。むろん、燃料を燃焼させることによる環境に対する影響も考慮する必要がある。

（ロ）　ボイラーに使用される燃料

　ボイラー用の燃料として、一般に使用されているものには、次のようなものがある。

　〈液体燃料〉　重油、軽油、灯油

　〈気体燃料〉　天然ガス（都市ガス）、液化石油ガス（LPG）、石炭ガ
　　　　　　　　ス、高炉ガス、オフガス

　〈固形（体）燃料〉　石炭、コークス、木材

（ハ）　燃焼とは？

　燃焼とは、化学的にいうと、物質が酸素と化合する酸化反応で、その中でも、光と熱の発生を伴う現象をいう。つまり燃焼には、燃える物（燃料、可

燃物）と酸素が必要ということだ。酸素は空気中に存在している。しかしながら、燃料と空気があるだけでは、燃焼は起こらない。燃焼が生じるためには、物質が燃焼に必要な温度に達しなければならない。

　燃料を空気中で加熱していくと、燃料の温度がだんだん上昇していき、ある温度に達すると、他から点火しなくても自然に燃え始める。そのときの温度を着火温度（発火温度、発火点）と言う。着火温度は物質によって異なり、周囲の種々の条件により変化する。

（ニ）　引火点とは？

　液体燃料は、加熱されると可燃性の蒸気を発生し、その蒸気に火炎を近づけると燃焼する。この現象を引火と言う。液体燃料から発生する蒸気は、液温の上昇とともに徐々に濃度が高くなり始め、ある温度に達すると、燃焼に必要な最低の濃度に達し、点火原があれば引火する。その時の温度を引火点と言う。つまり、引火が起きる最低の温度が引火点である。

④　法令関係について

　法令で定められた、ボイラーに関する様々な規則を憶えることが、法令を学ぶ前提として必要になる。そのために用語の意味を正確に知ることが必要だ。

（イ）　ボイラーの定義

　ボイラーには、蒸気ボイラーと温水ボイラーがある。蒸気ボイラーは、次の3つの要件によって定義される。

　・熱源が蒸気、高温ガス、または電気である

　・水または熱媒を加熱して、蒸気を作る装置である

　・作った蒸気を他に供給する装置である

上記箇条書きの文中の「蒸気」を「温水」に置き換えると温水ボイラーの定義になる。

（ロ）　ボイラーの規模による区分

　ボイラーは、労働安全衛生法や、その他の法令により規制されている。

　法令に定められた検査を受けて、ボイラー検査証を交付されたものでなければ使用できないし、ボイラーの製造、設置、管理等についても、これらの法令に従う必要がある。さらにボイラーの取り扱いには法令上の資格が必要である。

　ただし、法令の定義から除外されている小規模のボイラーは、上記の規制を受けない。このようなボイラーをふつうは簡易ボイラーと呼んでいる。

　簡易ボイラーは、簡易ボイラー等の構造・規格に適合したものであれば、法令に規制されることなく設置でき、検査の必要もなく資格がなくても誰でも取り扱いが可能である。

　簡易ボイラー以外は関係法令による規制を受けるが、そのうち一定の規模以下のものは小型ボイラーとされ、法令による規制が緩和されており、法令に定められた検査や検査証の交付を受ける必要はない。

　また小型ボイラーに該当しないボイラーの中で一定の規模以下のものは小規模ボイラーと呼ばれている。小規模ボイラーについては就業制限に関する規定が緩和されている。

　また、簡易ボイラーおよび小規模ボイラーは法令に定められた正式な用語ではないが、法令による規制の有無や内容に関連しており、よく用いられる表現である。

　ボイラーの種類については、用語をよく学んでいただきたいが、おおむね、

簡易ボイラー　＜　小型ボイラー　＜　ボイラー(小規模ボイラー)　＜　ボイラー

という形になる。それぞれ、最高使用圧力や伝熱面積などで区分されている。

1級ボイラー技士情報

　1級ボイラー技士の受験資格は、2級ボイラー技士の免状を持つ人等となる。

　試験形式は5択のマークシートの筆記試験で問題数は40問、2級ボイラー技士試験と同様である。

　ボイラー（小規模・小型ボイラーを除く）はボイラー技士の免許を受けたものでなければ取り扱うことができない。また伝達面積の合計が25㎡以上500㎡未満のボイラーを取り扱う作業については、特級又は1級ボイラー技士免許を受けた者の内からボイラー取り扱い作業主任者を選任することが必要だ。1級ボイラー技士は大規模な工場や事務所・病院などのエネルギー源としてのボイラーを取り扱う重要な役割を担う。

column

　筆者が2級ボイラー技士を受験した折も、講習を受け参考書一冊を読み切って受験し、合格できた。この試験は、いわゆる競争試験ではない。したがって、受験年度が替わっても、一定の基準（60パーセント程度の正解率）で合格できる資格だ。

　筆者の受験動機は、定年後の再就職に役立つかもしれないという思いからの受験だった。

　まずはチャレンジ、あれば乙4等の合わせ技で工場や事業所で有益だ。あなたのヤル気で将来きっと役立つ資格となることだろう。

第 5 章

乙種第4類危険物取扱主任者 いわゆる乙4

ガソリンスタンドでは必要となる国家資格

資格データ（2024年2月時点）

認 定 団 体：都道府県知事

試 験 形 式：マークシート（五肢択一式）

時期・頻度：複数回（春～秋／詳細は都道府県による）

近年の受験者数と合格率

年度	受験者数（人）	合格者数（人）	合格率（％）
2015	271,234	79,718	29.4
2016	264,946	76,575	28.9
2017	256,587	88,328	34.4
2018	240,102	93,667	39.0
2019	221,867	85,669	38.6
2020	200,876	77,466	38.6
2021	234,481	84,564	36.1
2022	203,361	63,861	31.4
2023 （4～2月）	201,800	64,387	31.9

「ガソリンスタンド勤務で役立つ、いわゆる乙4」とは、ガソリンスタンド等の油類を扱う事業者で重宝される資格である。危険物取扱者乙種第4類（いわゆる「乙4」以降乙4）は資格の中でも比較的よく知られており、誰もが受験できる特別な経歴を必要としない資格となっている。

危険物取扱者乙4との出会い

乙4とのかかわりはこんな所から始まった。

筆者が現役の公務員だった頃の話。地方税の中の県税に軽油引取税という税目があり、その担当をしていたときからの話となる。軽油引取税とは石油の元売りが都道府県の石油販売店（ガソリンスタンド／GS）へ軽油（主にディーゼル機関用の燃料）を納入する際に一定の税率が課される税金だ。軽油はその名のとおりガソリンと比べて比重が軽くて、石油に性質の似た油種だ。軽油は、ディーゼル車、特に大型トレーラーやダンプに使われており、不正な軽油が使われることが多々ある。不正な軽油とひと口に言っても中々分かりづらいと思う。軽油が石油に似ていると述べたが、ディーゼルエンジンは石油で可動することができる。だから、軽油に石油を混和（混ぜ合わせて使う）して燃料を安価にしようとする者が出てくる。混和軽油の使用は、脱税行為と見なされる。その脱税行為を阻止するために、警察の協力のもと不正軽油の取り締まりをしていた。走行する貨物自動車等から、燃料をサンプル採取して、それを分析・分留する作業である。理科の実験室のような部屋で、サンプル油種をアルコールランプとフラスコを使い、分留・分析をしていた。その時に危険物取扱者乙4（古くは危険物取扱主任者と言った）の資格が生かされた。

乙4についての詳細は以降の項目で述べるが、この資格があれば、就職・転職に有利である。筆者の見方、考え方として市販の参考書および問題集を使うことで十分合格可能だと思う。

さらに付け加えると参考書と問題集はそれぞれ一冊で充分である。

① 乙種危険物取扱者とは

乙種危険物取扱者とは国家試験である乙種危険物取扱者試験に合格し、都道府県知事から免状の交付を受けている者を言う。

免状の交付を受けると、消防法で定められている危険物の製造所・貯蔵所および取扱所で危険物を取り扱えるほか、危険物の取扱作業について保安の監督および定期点検が行えるようになる。危険物取扱者乙種第4類が活躍できるのは下記の場所である。

（イ）　ガソリンスタンド

（ロ）　化学工場

（ハ）　危険物製造所

（ニ）　タンクローリー

（ホ）　集中ボイラー管理

（ヘ）　塗料販売者

② 試験の実施機関及び申請について

危険物取扱者の資格取得試験は㈶消防試験研究センターが都道府県毎に実施している。受験願書の提出先・試験の実施場所・日時等は都道府県によって異なるので、各支部に問い合わせるか、「㈶消防試験研究センター」のホームページ（http://www.shoubo-shikenor.jp）で確認する必要がある。

扉にも情報があるが、下記に乙種第4類危険物取扱者の試験概要についてまとめる（試験情報は2024年3月時点のもの）。

〈受験資格〉　制限なし

〈試験科目〉　「危険物に関する法令」15問、「基礎的な物理学及び基礎的な科学」
　　　　　　　10問、「危険物の性質並びにその火災予防及び消火の方法」10問

〈受験申込手続〉

郵　送：各都道府県の(一財)消防試験研究センターへ郵送

WEB：(一財)消防試験研究センターのホームページにて申込

〈試験日〉　随時（各支部ごとに異なるため、(一財)消防試験研究センターの ホームページを確認）

〈受験地〉　中央試験センター及び道府県支部

〈受験手数料〉　4,600 円

〈特　記〉　①乙種危険物取扱者免状を有する者は、法令及び基礎的な物理学及び基礎的な化学の科目が免除(要申請)

③　各資格情報追加

　乙4のそれ以外の甲、乙1～乙3、乙5、乙6種情報について、下記に詳述する。

　甲種危険物取扱者試験を受験する方は、下記の一定の資格が必要だ。

（対象者）

〈1〉大学等において化学に関する学科等を修めて卒業した者

〈2〉大学等において化学に関する授業科目を 15 単位以上習得した者

〈3〉乙種取り扱い者免状を有する者

〈4〉修士・博士の学位を有する者

　危険物乙種について、危険物は、その性質に応じて1類～6類に分けられる。危険物取扱者の資格も同様に対応した類の資格に分かれる。危険物の資格の中で最もメジャーな資格が乙4だが、これは第4類の危険物を扱える資格である。さらに第4類の中の限られた品目(主に GS で扱う油種)を扱えるのが丙種である。すべての危険物を扱えるのが甲種であり、乙種全部乙1～乙6までの免許(乙種コンプリートと呼ぶ)と同等である。

乙種コンプリートとは

乙種コンプリートおよび甲、乙、丙種の関係を図示すると下図のようになる。

③　危険物取扱者試験の3分野について

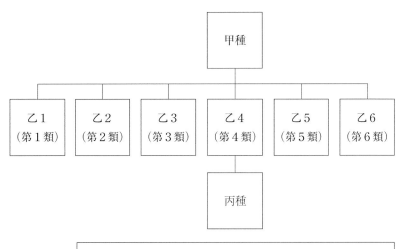

丙種が取り扱える危険物：ガソリン・灯油・重油・軽油・潤滑油・引火点130℃以上の第3石油類・第4石油類、動植物油類のみ

part 1　危険物に関する法令　危険物について

（イ）　危険物の定義と種類、消防法

甲乙丙でそれぞれ取り扱うことのできる危険物とできることは消防法によって定められている。しっかりと内容を把握する必要がある。

（ロ）　指定数量と倍数計算

指定数量とは政令で定められた基準量のことであり、各種類物の品名ごとに決められている。第4類の指定数量のみ覚えれば十分だ。

さらに指定数量と指定数量の倍数との関係について、練習問題を通して習得していただきたい。

（ハ）　危険物の規制と法令

消防法は「危険物」を定義し、その第三章において、危険物の貯蔵、取り扱い及び運搬について、基本的な事項を定めている。自分にとって分かりやすい手段によって理解を深めることが肝要である。

（ニ）　危険物施設の区分

指定数量以上の危険物を貯蔵し、または取り扱う施設は、製造所、貯蔵所及び取扱所の３つに区分される。この３つの施設を「製造所等」と表すこともある。字面だけで覚えにくい場合は、図やイラスト等にまとめることにより理解を深めることが肝要である。

（ホ）　各種申請と届出

製造所等を設置する者は、製造所、貯蔵所または取扱所ごとに市町村等に設置許可の申請をし、その許可を受ける必要がある。

製造所等の位置、構造または設備を変更する場合も変更許可の申請をし、許可を得る必要がある。各種届出手続きについても、期限に留意して届出等の義務が明文化されている。

（ヘ）　危険物取扱者制度

危険物取扱者とは、危険物取扱者試験に合格し、免状の交付を受けた者を言う。先に図示したように免状には甲種、乙種、丙種の３種類がある。

危険物取扱者免状は、危険物取扱者試験に合格した者に対し、都道府県知事が交付するもの。

免状の交付を受けるものは、申請書に合格したことを証明する書類を添付

し、受験した都道府県の知事に申請する。

　なお、危険物取扱者免状は国家資格であり、免状を取得した都道府県に限らず、全国いずれの都道府県でも有効である。

　免状の書換えについて、免状の記載事項に変更が生じたときは、義務として遅滞なく免状の書換えを申請しなければならない。

　具体的に（ポイント）は、

　　・免状に記載されている氏名、本籍地などが変わったとき
　　・免状に添付されている写真が撮影から 10 年経過したとき

であり、「過去 10 年以内に撮影した写真」が免状の記載事項の一つとされている。10 年が経過すると記載事項に変更が生じると見なされるためである。

　免状の書換えは、事由を証明する戸籍抄本等の書類を添え、免状交付した都道府県知事または居住地もしくは勤務地を管轄する都道府県知事に申請する。

　なお、免状の書換えは資格の「更新」ではない。危険物取扱者の免状の更新という制度は存在しない。

　免状の再交付については、免状を亡失、滅失、汚損、破損した場合に、再び交付を求めることを言う。再交付の申請先は交付または書換えをした都道府県知事に限定される。

（ト）　保安講習

　保安講習とは、危険物の取扱作業の保安に関する講習のことだ。

　製造所等で危険物の取扱作業に従事している危険物取扱者は、都道府県知事等が行う保安講習を、一定の時期に受講することが義務づけられている。

　受講義務とその時期は、甲種、乙種、または丙種の別を問わず一律となっている。また受講場所に指定はなく、どこの都道府県でも受講可能だ。

（チ）　定期点検

　製造所等は、常に技術上の基準に適合するよう維持されなくてはならないため、点検は欠かせない。一定の製造所等については、その所有者、管理者または占有者に、製造所等を定期的に点検し、その点検記録を作成して保存することが法律上義務づけられている。

　それを定期点検と言う。定期点検は、原則として1年に1回以上行うこととされている。その記録は、原則3年間保存しなければならない。

　定期点検をしなければならない製造所等に地下タンクを有する物が含まれる。その他移動タンク貯蔵所、移送取扱所もすべて義務づけられている。

（リ）　製造所等の構造と設備――保有空地

　保有空地とは、消火活動を行ったり延焼を防止したりするために、製造所等の周囲に確保された空地のことである。保有空地には物品を一切置くことができない。

（ヌ）　製造所等の構造と設備――保安距離

　保安距離とは、付近の住宅、学校、病院等（保安対象物と言われる）に対して、製造所等の火災や爆発などの影響が及ばないよう、それらと製造所等の間に確保しなければならない距離のことである。

　具体的には、保安対象物から製造所等の外壁（またはこれに相当する工作物の外壁）までの距離のことを保安距離という。

（ル）　製造所等の基準

　前述の通り、製造所は保有空地・保安距離を必要とする。

　製造所の危険物を取り扱う建築物その他の工作物の周囲には一定の確保すべき保有空地の幅が決められている。危険物を取り扱う建築物の構造に関す

る基準は次のとおりである。

- 壁、柱、床、はり及び階段を不燃材料で作ることと、延焼のおそれのある外壁を出入口以外の開口部のない耐火構造の壁にすること。「延焼のおそれのある外壁」とは隣接境界線等から３ｍ（２階以上では５ｍ）以下の距離にある外壁部分のことを言う
- 窓と出入口には防火設備（防火戸）を設け、延焼のおそれのある外壁に設ける出入口には自動閉鎖の特定防火設備を設ける
- 窓と出入口に用いるのは「網入りガラス」にすること
- 屋根を不燃材料でつくり、金属板その他の軽量な不燃材料で葺くこと
- 床は危険物が浸透しない構造とし、床面には適当な傾斜をつけ「ため桝」を設けること
- 地階（地盤面以下の階）がないものであること

　これらの他にもその他設備に関する主な基準や配管に関する基準が決められている。

（ヲ）　屋内貯蔵所、屋外貯蔵所、屋外タンク貯蔵所、屋内タンク貯蔵所

　地下タンク貯蔵所、移動タンク貯蔵所等について、それぞれの常置位置、構造設備、通気管の設置の位置が決められている。

（ワ）　給油取扱所について——位置

　給油取扱所（GS）は保有空地、保安距離を必要としない。

（カ）　給油取扱所について——構造と設備

　給油取扱所の構造及び設備に関する基準は、次のとおりである。

・給油取扱所の給油設備は、ポンプ機器及びホース機器からなる固定給油設備とする。自動車等の燃料タンクに直接給油するための設備で地面に固定するもののほか、天井から吊り下げる懸垂式のものもある

・固定給油設備のホース機器の周囲（懸垂式の場合はホース機器の下側）には、自動車等に直接給油したり、給油を受ける自動車等が出入りしたりするための間口 10 m 以上、奥行 6 m 以上の給油空地を設ける必要がある

・灯油あるいは軽油を容器に詰め替えるか、もしくは車輌に固定されたタンクに注入するための固定給油設備を設ける場合は、そのホース機器の周囲に詰め替えや注入のために必要な給油空地を設ける必要がある

・固定給油設備あるいは固定注油設備に接続する専用タンク（容量無制限）または廃油タンク（容量 10,000 ℓ 以下）を地盤面下に埋設して設ける場合を除き、危険物を取り扱うタンクを設ける必要がない

・固定給油設備及び固定注油設備は、油漏れがしない等、火災予防上安全な構造にするとともに、先端に弁の付いた全長 5 m 以下の給油ホースまたは注油ホースおよびこれらの先端に蓄積された静電気を有効に除去する装置を設ける

・給油取扱所には、給油またはこれに附帯する業務に必要な建築物を設けることが認められるが、以下のもの以外のものや給油に差し支える設備は認められない

給油取扱所の業務を行うための事務所
給油または灯油の詰め替え（「給油等」とする）のための作業場
給油等のために給油取扱所に出入りする者を対象とした店舗、飲食店または展示場（遊技場は除外される）
自動車等の点検・整備または洗浄のための作業場
給油取扱所の所有者や管理者などが居住する住居等

- 給油取扱所に設ける建築物は、壁・柱・床・はり・屋根を耐火構造または不燃材料で作り、窓および出入り口に防火設備を設ける
- 給油取扱所の周囲には、火災による被害の拡大を防止するため、高さ2m以上の塀または壁で耐火構造または不燃材料で作られたものを設ける（自動車等が出入りする側は除外）
- 固定給油設備の位置（道路境界線、蒸気洗浄機、洗車機との間隔）と道路境界線については、懸垂式の固定給油との間隔は4m以上、その他の固定給油設備については4m〜6m以上の間隔を設ける必要がある

屋内給油取扱所

　給油取扱所のうち、建築物内に設置するものを屋内給油取扱所と言う。キャノピー（給油スペースの上部を覆う屋根）等の面積が敷地面積（事務所等の建築物の1階床面積を除く）の3分の1を超える給油取扱所も、屋内給油所として扱う。

　屋内給油取扱所の位置、構造および設備に関しては、給油取扱所のほとんどの基準が準用されるほか、より厳しい規制がある。

- 建築物の屋内給油取扱所の壁・柱・床・はり・屋根を耐火構造として、開口部のない耐火構造の床または壁で当該建築物の他の部分と区画されたものとする
- 屋内給油取扱所を設置する建築物自体も壁・柱・床・はりを耐火構造とし、内部に病院、福祉施設等を設けてはならない
- 屋内給油所に上階がある場合は、危険物の漏洩の拡大や上階への延焼を防止する措置を講じる
- 屋内給油取扱所1階の2方向については、自動車の出入りする側または通風および避難のための空地に面し壁を設けない

> ・屋内給油取扱所の専用タンクには、危険物の過剰な注入を自動的に
>   防止する設備を設けなければならない

顧客に自ら給油等をさせる給油取扱所
（いわゆるセルフスタンド）

　近年ＧＳの主流となりつつあるセルフ式のＧＳについて、基本的には給油取扱所の基準が適用されるが、特例基準として付加される主なものは次のとおりである。

当該給油取扱所に進入する際のみやすい箇所にセルフスタンドである旨の表示をする
顧客用の固定給油設備およびその周囲の地盤面には車輌の停止位置または容器の置き場所等を表示する
顧客用の固定給油設備および固定注油設備には、見やすい箇所にホース機器等の使用方法および危険物の品目を表示し、その給油（注油）ノズルは満量となったときに自動的に停止する構造とする
顧客による給油作業等を監視したり必要な指示を行ったりするための制御卓（コントロールブース）を設ける
危険物の種類に応じ、文字の背景または給油ホース等の設備に彩色する

危険物の安全管理

①　消火設備の種類

　製造所等の消火設備は、第1種から第5種に区分され、それぞれが適応する対象物については政令別表第5に定められており、消火設備の区分は次のとおりである。

固定式のもの	第1種消火設備	屋内消火設備	火災の初期消火を目的に。開閉弁、ホース、ノズル等で構成
		屋外消火設備	
	第2種消火設備	スプリンクラー設備	火災発生時に散水で初期消火を主な目的とする設備。自動的に作動するのが特徴
	第3種消火設備	水蒸気消火設備／水噴霧消火設備／泡消火設備／二酸化炭素消火設備／ハロゲン化物消火設備／粉末消火設備	スプリンクラーとの違いは、冷却効果や窒息効果によって消火を行う点
移動式のもの	第4種消火設備	大型消火器	消火設備から対象物までの歩行距離が30m以内に設置
	第5種消火設備	小型消火器	小型消火器の他、乾燥砂、水バケツ、水槽等。歩行距離は20m以内に設置

②　消火設備の設置方法

　特に移動式の消火設備について、簡単に触れる。

（イ）　第4種消火設備の場合

　防火対象物（消火対象設備によって消火すべき製造所等の建築物その他の工作物および危険物）の各部分から1つの消火設備に至る歩行距離が30m以下となるように設ける（第1種～第3種と併置する場合は除く）

（ロ）　第5種消火設備の場合

　地下タンク貯蔵所、簡易タンク貯蔵所、移動タンク貯蔵所、給油取扱所および販売取扱所の場合は有効に消火できる位置に設け、その他の製造所等の場合は防火対象物の各部分から1つの消火設備にいたる歩行距離が20m以下となるように設ける（第1種～第4種と併置する場合は除く）

③　能力単位と所要単位

　どのような製造所等にどの種類の消火設備を設けるべきかを学んできた

が、具体的にどのくらい設ければよいかを決める基準に「能力単位」と「所要単位」がある。

能力単位	その消火設備の消火能力を示す単位
所要単位	その製造所等に必要な消火設備の消火能力を定める単位

標識・掲示板その他

製造所等は、危険物の製造所等である旨を示す標識を見やすい箇所に設けなければならない。標識には2種類あり、移動タンクを除き、すべて次のような形である。

標識形状については、幅0.3 m以上、長さ0.6 m以上の板に「危険物給油取扱所」と表示する。色は地を白色、文字を黒色とする。

掲示板

製造所等には標識のほか、防火に関し必要な事項を表示した掲示板を見やすい箇所に設置しなければならない。掲示板には（イ）～（ニ）の種類がある。掲示板はすべて幅0.3m以上長さ0.6 m以上の板（縦・横は任意のサイズ）とされている。

（イ）　危険物の品名等を表示する掲示板

掲示板の地を白色、文字を黒色として次の5つの事項を表示する。

危険物の種類（種別）
危険物の品名
危険物の貯蔵または取り扱い最大数量
危険物の指定数量の倍数
危険物の保安監督者の氏名または職名

（ロ）　危険物の性状に応じた注意事項を表示する掲示板

　品名等を表示する掲示板のほか、貯蔵または取り扱う危険物に応じ、注意事項を表示する次の3つの掲示板を設けなければならない。

「禁水」の掲示板	第1類危険物のうちアルカリ金属の過酸化物かこれを含有する物および第3類危険物のうち禁水性物質（カリウム、ナトリウム、アルキルアルミニウム、アルキルリチウム）
「火気注意」掲示板	第2類危険物（引火性固体以外の物）
「火気厳禁」の掲示板	第2類危険物のうち引火性固体、第3類危険物のうち自然発火性物質（アルキルアルミニウム、アルキルリチウム）、第4類危険物、第5類危険物

（ハ）　給油取扱所の掲示板

（イ）と（ロ）他、給油取扱所に限り「給油中エンジン停止」と表示した掲示板を設置しなければならない。色は地を黄赤色、文字を黒色とする。

（ニ）　タンクの注入口、ポンプ設備の掲示板

　引火点が21℃未満の危険物を貯蔵または取り扱う屋外タンク貯蔵所、屋内タンク貯蔵所および地下タンク貯蔵所のタンクの注入口およびポンプ設備には、それぞれ「屋外貯蔵タンク注入口」などと表示する他、次の事項を表示した掲示板を設置しなければならない。

（1）　危険物の類
（2）　危険物の品名
（3）　（2）の掲示板と同じく危険物の性状に応じた注意事項 色は地を白色、文字を黒色とする。 ただし、（3）の注意事項のみ赤色とする

危険物の性質並びにその火災予防および消火の方法

危険物の類ごとに共通する性状のまとめ

類別	性質	状態	特性
第1類	酸化性固体	固　体	そのもの自体は燃焼しないが、ほかの物質を強く酸化させる性質をもち、可燃物と混合したときに熱、衝撃、摩擦によって分解し、激しい燃焼をおこさせる
第2類	可燃性固体	固　体	火炎によって着火し、または比較的低温（40℃未満）で引火しやすく、燃焼速度が速いため消火しにくいという性質をもつ
第3類	自然発火性物質及び禁水性物質	液体・固体	空気と接触して自然に発火するか、水と接触して発火、もしくは可燃性ガスを発生する液体または固体で、ほとんどが自然発火性・禁水性の両性質をもつ
第4類	引火性液体	液　体	1気圧20℃で液体であるものまたは20℃以上40℃以下の間で液状になるもの、もしくは第3石油類、第4石油類および動植物油類で、1気圧20℃で液状であり引火性の性質をもつ
第5類	自己反応性物質	液体・固体	加熱分解などにより比較的低温で多量の熱を発生し、または爆発的に反応が進行する性質をもつ
第6類	酸化性液体	液　体	そのもの自体は燃焼しないが、混在するほかの可燃物の燃焼を促進する性質をもつ

　消防法第2条第7項によって「危険物とは、別表第一の品名欄に掲げる物品で、同表に定める区分に応じ同表の性質欄に掲げる性状を有するものをいう」と定義され、性質によって第1類から第6類に分類されている。

　危険物の性質・状態・特性を正確に把握することにより、類ごとの貯蔵または取り扱いの共通基準（次表参照）や火災が発生した場合の適切な消火活動に役立てられる。

類ごとの貯蔵・取り扱いの共通基準

類別	共通基準
第1類	可燃物との接触、混合、分解を促す物品との接近または過熱、衝撃、摩擦を避けるとともに、アルカリ金属の過酸化物およびこれを含有するものにあっては、水との接触を避けること
第2類	酸化剤と接触、混合、炎、火花、高温体との接近または過熱を避けるとともに、鉄粉、金属粉およびマグネシウムならびにこれらのいずれかを含有するものにあっては、水または酸との接触を避け、引火性固体にあってはみだりに蒸気を発生させないこと
第3類	自然発火性物品（アルキルアルミニウム、アルキルリチウムおよび黄リンなど）にあっては、炎、火花、高温体との接近、過熱または空気との接触を避け、禁水性物品にあっては水との接触を避けること
第4類	炎、火花、高温体との接近または過熱を避けるとともに、みだりに蒸気を発生させないこと
第5類	炎、火花、高温体との接近、過熱、衝撃または摩擦を避けること
第6類	可燃物との接触、混合、分解を促す物品との接近または過熱を避けること

危険物の類ごとのまとめ

類別	性質	燃焼性	消火方法	貯蔵方法
第1類	酸化性固体	不燃性	冷却消火	密封をして冷暗所貯蔵
第2類	可燃性固体	可燃性	窒息消火 赤リン、硫黄等は冷却消火	密封をして冷暗所貯蔵
第3類	自然発火性物質及び禁水性物質	可燃性一部不燃性	窒息消火	密封をして冷暗所貯蔵
第4類	引火性液体	可燃性	窒息消火	密封をして冷暗所貯蔵
第5類	自己反応性物質	可燃性	冷却消火	通気のよい冷暗所貯蔵
第6類	酸化性液体	不燃性	燃焼物に応じた消火	耐酸性容器で密封貯蔵（過酸化水素除く）

第4類の危険物

消防法別表第一の第4類品名欄にある物品で、引火性液体の性状を持つものを言う。

引火性液体とは、引火の危険性を判断するため政令で定められた引火点測定器による引火点測定試験で、一定の引火性を示す液体を言う。

第4類危険物の代表例

① 特殊引火物（ジエチルエーテル、二硫化炭素など）

② 第1石油類（ガソリン、トルエンなど）

③ アルコール類（メチルアルコール、エチルアルコールなど）

④ 第2石油類（灯油、軽油など）

⑤ 第3石油類（重油、グリセリンなど）

⑥ 第4石油類（ギヤー油、シリンダー油など）

⑦ 動植物油類（ヤマニ油、ヤシ油など）

共通する特性

（イ）　いずれも引火性（可燃性）の液体で、蒸気は空気と混合して火気などにより引火し、爆発、燃焼の危険がある。

（ロ）　蒸気比重は1より大きく、空気より重いため低所に滞留しやすい。

（ハ）　液比重が1より小さく、水には溶けないものが多いため、水の表面に広がりやすい。

（ニ）　電気の不良導体で、静電気が蓄積されやすい。

（ホ）　発火点の低いものがある（発火点が低いものほど発火の危険性が高い）。

共通する消火の方法

（イ）　霧状の強火液、泡、ハロゲン化物、二酸化炭素、粉末などで、空気

の遮断による窒素消火を用いる。

（ロ）　液比重が1より小さい危険物の火災には、水による注水消火は適さない。

（ハ）　アルコールなどの水溶性液体は、耐アルコール泡消火薬剤（水溶性液体用泡消火薬剤）を使う。

共通する火災予防の方法

（イ）　炎、火花、高温体との接近を避け、蒸気を発生させないよう換気に注意し、容器は密栓をして冷暗所に貯蔵する。

（ロ）　液体の流動により静電気が発生しやすいので接地（アース）をして、静電気を除去する。

（ハ）　低所に滞留した第4類危険物の可燃性蒸気は、屋外に排出する。

（ニ）　可燃性蒸気の滞留するおそれのある場所、または発生しやすい場所では引火する危険性があるので、火花を発生する機械器具などの使用を避ける。

（ホ）　可燃性蒸気の滞留する可能性がある場所に設置された電気設備は、防爆性のあるものを用いる。

（ヘ）　酸化プロピレンやベンゼンなど、有毒な蒸気を発生し、吸入すると中毒症状を引き起こすものがあるため、取り扱いに注意する。

第4類危険物の一般的な性質と危険性

第4類危険物の一般的な性質と危険性の表によるまとめ

危険物の性質	危険性
（イ）　すべて引火性の液体	引火しやすい可燃物
（ロ）　引火しやすく燃焼しやすい可燃物	可燃物の除去中冷却による消火方法が困難
（ハ）　蒸気比重＞1（1より大）	空気より重いため可燃性蒸気が低所に滞留

(ニ)	蒸気は空気と燃焼範囲の混合気を容易につくる	一定の濃度（燃焼範囲下限界）になると火気等による引火または爆発の危険性
(ホ)	引火点の低いものがある。常温（20℃）以下や0℃以下のものがある	常温（20℃）で引火しやすい（燃焼しやすい）
(ヘ)	燃焼下限界（引火点）が小さいものが多い	危険性が高く、引火しやすい
(ト)	液比重〈1（1より小さい）で、水に不溶のものが多い	水の表面に薄く広がり延焼等、拡大の危険性が大
(チ)	発火点が低い	発火の危険性大火源がなくても加熱されただけで発火
(リ)	酸化熱を蓄積するものがある	常温（20℃）で酸化しやすい動植物油類は自然発火の危険性大
(ヌ)	電気の不良導体が多い。	静電気が蓄積されやすい。送油撹拌時に静電気を発生しやすい　→　点火源となる
(ル)	有毒な蒸気を発生するものがある。	蒸気を吸入すると急性または慢性の中毒症状時人体への影響大

第4類危険物　各論

特殊引火物とは？

　特殊引火物とは、①1気圧で発火点が100℃以下のもの、または、②引火点がマイナス20℃以下で沸点が40℃以下のものを言う。

　主たるものにはジエチルエーテル、二硫化炭素、アセトアルデヒド、酸化プロピレンがある。

第1石油類とは？

　第1石油類とは、ガソリン、アセトン、ベンゼンその他1気圧で引火点が21℃未満のものを言う。

　石油類は第1～第4石油類に分類されている。第1～第3石油類には、非

水溶性のものがある。危険性は非水溶性のものの方が大きく、そのため指定数量も水溶性のものの2分の1となっている。

第2石油類とは？

第2石油類とは灯油、軽油その他1気圧で引火点が21℃以上70℃未満のものを言い、「塗料類その他の物品あって、組成等を勘案して総務省令で定めるものを除く」とされている。

第2石油類の水溶性の危険物はコンクリートを腐食させるので、床などの部分は腐食しない材料を用いなければならない。主たる第2石油類には灯油、軽油、クロロベンゼン酢酸等がある。

第3石油類とは？

第3石油類とは、1気圧常温（20℃）で液状かつ引火点が70℃以上200℃未満のものを言う。主たるものには、重油、クレオソート油、アニリン、グリセリン等があり、「塗料類その他の物品であって、組成を勘案して総務省令で定めるものを除く」とされる。

事故事例

最後に、乙種第4類危険物の中で決して避けて通れない事故の教訓について、主たるものを掲げることとする。

事例　1

給油取扱所で、新人従業員が20ℓポリエチレン容器を持って灯油を買いに来た客に過ってガソリンを売ってしまい、客がそれを灯油ストーブに使用したため異常燃焼を起こして火災となった。

事例1：原因

新人従業員など、全従業員へ20ℓのポリエチレン製容器をガソリン運搬容器として使ってはならないなど、保安教育が徹底されていなかった。

事例1：対策

（イ）　従業員の保安教育を徹底する。

（ロ）　運搬容器には、品名、数量および貯蔵・取扱上の注意事項などを表示すること。

（ハ）　全従業員に20ℓのポリエチレン容器をガソリン運搬容器として使ってはならないことを徹底すること。

（ニ）　容器に注入する前に油の種類及び色（自動車ガソリンはオレンジ色、灯油は無色または淡紫黄色）を確認すること。

（ホ）　灯油の小分けでも、危険物取扱者が行うか、または立ち会うこと。

事例　2

給油などを顧客自らが行う給油取扱所（セルフ型スタンド）で給油を行おうと自動車燃料タンクの給油口キャップを緩めた際、噴出したガソリン蒸気に静電気が放電、引火して火災が起こった。

事例2：原因

顧客自らが給油などを行う給油取扱所（セルフ型スタンド）では危険物取扱作業に不慣れな人もガソリンを注入するため、除電操作を行わなかったことによる人為的なミスである。

事例2：対策

（イ）　固定給油設備などのホースおよびノズルの電気の導通を良好に保つ

こと。または導通性材料を使用すること。

（ロ）　ガソリン蒸気に静電気が放電しないよう給油キャップを解放する前は金属など（除電装置）に触れて放電すること。

（ハ）　顧客用固定給油設備のホース機器などの見やすいところに「静電気除去」に関する事項を表示すること。

（ニ）　給油取扱所の従業員などは、帯電防止服および帯電防止靴の着用を励行すること。

（ホ）　地盤面に随時散水し、人体などに帯電している静電気を逃がしやすくすること。

column

　筆者の経験で言えば、1週間の中で空いた時間を有効に利用し、セルフスタンドでアルバイトをしたこともある。その時の就業要件では「年齢不問」「乙4資格者優遇」だった。

　まずは取って役立つ、身近な資格の一つだ。あなたのヤル気で、近い将来自身の人生を変えるための資格となることだろう。

補　遺

試験に臨む前の心構え

試験に向けて勉強以外でできること

　どんな試験も試験勉強に加えて、準備や当日の立ち回りが大切だ。

　せっかく準備しても、当日にその努力を発揮できなければ意味がない。本章では、試験への準備や心構えについてまとめる。

　もちろん、人により細かい点は違うだろうが、基本の骨子なので、参考にして自身が試験で十全の能力を発揮できるように、心を砕いてほしい。

　一見して学生時代のテストを思い出すような内容だが、こうした万全な準備が試験の無駄な緊張を和らげるのだ。

試験当日の持ち物

・受験票（絶対に忘れてはいけない。必ず肌身、離さずに）

・BかHBの黒鉛筆またはシャープペンシル、鉛筆は３本までに。少ないといざというときに不安で、多いとかさばってしまう。鉛筆削りを持参しても、前日に書けるかどうかは必ず確認する

・プラスチック製の消しゴム（２個用意）

・鉛筆削り（回し削りができるものが好ましい）

・腕時計（時計機能のみの物に限られる。アラーム機能の物は認められない。要注意）

　以上が持ち物の概要だ。

　鉛筆や消しゴム等については、予備も用意することに注意しよう。試験中に机から転がり落ちて、拾えなくなることも起こり得る。実際にそういう経験をしたこともある。３人掛けの机で、真ん中の席に座ることになり、消しゴムが転がり落ちたことがある。そんなときに試験官を呼んで取ってもらうのは、時間的にも心理的にもロスとなる。筆箱に予備が一つ入っているだけ

でそんなロスが防げるのだ。

試験当日の心得

　携帯電話、スマートフォン、タブレット端末、スマートウォッチ等の無線通信機能のある電子機器類については、設定したアラーム機能を必ず解除するとともに、電源を切ること。試験によっては、配布された封筒に入れ試験監督員の指示に従って処置する必要がある。携帯電話は時計代わりに使用することはできない。当たり前のことだが、つい普段の癖が出てしまうこともあるので十分注意しよう。

　時計を忘れると、良好に時間配分ができなくなり、時間のロスが生じる。試験会場に時計があればいいが、必ずしもそうだとは限らないだろうし、席によっては見えにくいこともある。

　また、指示に従わずに携帯電話を所持していることが判明した場合、不正行為と見なされてしまうこともある。従って、この点には十分に注意が必要だ。

試験時間の確認

　例えば、宅建試験の場合、日程と時間は、例年、毎年1回10月の第3日曜日に午後1時から午後3時の2時間で実施される。(2021年のみ12月試験も実施された)

　ただし、5点免除の登録講習修了者は、午後1時10分から午後3時の1時間50分である。30分以上遅刻すると受験することができなくなってしまう。十分に注意しよう。

　他の試験も、試験時間の確認はしすぎるということはない。必ず、事前に確認をしてほしい。

　どれだけ入念に準備しても、万が一ということはある。たとえば、交通機関の遅延等によって遅刻した場合はどのようにすればよいのだろうか。

原則的に開始から一定の時間を過ぎた遅刻者は入室できないという扱いになっているため、遅延等が起こり得ることも想定したうえで、それでも間に合うよう、余裕をもって出発することをお勧めする。

　試験会場は、十分時間をとってルート等も含めた下見をしておくか、もしくは余裕がない時でも事前にネットの地図サイト等を使ってルートを確認しておき、道に迷わないよう心がけることが必要だ。

　しかし、そうは言ってもどうしても遅れてしまう場合も起こりえる。そのような場合に備えて試験会場には「相談係」が設けられていることから、そこで事情を説明し申し出てから、係員の指示に従い教室へ向かっていただきたい。

　また、不正防止の観点から、試験時間中の途中退出は禁止されていることもある。宅建の場合は、試験中の２時間は、途中で解答が終わっても席を離れることはできない。当たり前のことだが、トイレなどは事前に済ませておくこと。集中力を持って本番を迎えられるよう心掛けよう。

　そして、試験が終ったら試験問題は迷わず持ち帰ろう。そして試験中に自分が選択した選択肢にきちんと印をつけておき、受験予備校などが発表する正誤表で自己採点をし、合格か不合格かを確認するとよいだろう。

　合否の判定は冷徹だ。冷静に自己分析をし、安易な希望的観測は慎むべきだ。

　ここでは、他のコラムと少し趣を変えて、試験勉強の息抜きについて触れてみたい。筆者が資格にチャレンジする源と趣味について思いつくまま述べたいと思う。

資格へと向かわせる源とは

　資格へチャレンジしようという思いは、沈思黙考していても生まれてこない。気持ちをリフレッシュして前向きに行動することから始まる。ヤル気の源泉は大脳前頭葉の機能を向上させることにより生まれてくる。それは意識せずとも自然に自由な心を放任することから始まる。では、過去の経験からいくつかのユニークな体験談を述べることとする。

信州上高地での体験

　初春、初夏、初秋に山々をトレッキングするのが好きだ。ずいぶん以前の体験ではあるが、信州上高地を旅行したときの体験である。

　上高地と言えば梓川に架かる河童橋が有名である。河童橋から明神池へと至る白樺の林を抜ける遊歩道を散策していたときのことだ。橋から散策を初めて、2〜3キロ位を過ぎたあたりだったと思う。何気なく散策しているうちに両方の手がしびれを伴って腫れているような感覚に襲われた。体調が悪くなったわけでなく、普通に歩いているうちに両手の指が腫れていくような違和感を覚えたのである。歩くうちに指の全部がパンパンに腫れている感覚になっていた。だが実際に腫れているわけでなく、全部の指先がしびれているような感触だ。しばらく歩くうちに自然と治まったが、原因はいまでも分からない。おそらく末消血管の血流が関係しているのだろう。上高地の自然と空気と水が人体に及ぼした結果だと思うが、森林浴の体験はそれを味わった者でしか分からない。森林の放つフィトンチッド（樹木などが発散する化学物質）のせいかもしれない。

　上高地での特筆すべき体験はもう一つある。それは河童橋近くの帝国ホテルで飲んだコーヒーだ。当時のホテルの外観は木造の上高地の自然に溶け込んだ瀟洒な造りであったことを覚えている。こぢんまりとしたラウンジには職人の手によると思われる木製のテーブルと椅子があった。

　部屋に入ると、コーヒーの香りが立ち込めていた。ちょっと高級なブルーマウンテンを注文し、一口飲み、思わずその味が脳裏に染み渡ったほどである。大袈裟かもしれないが、あれから50年余り経った今になっても鮮明に記憶に刻まれている。

秋神川での渓流釣り

　秋神川と言っても直ぐにどこかが分かる人は少ないと思う。秋神川は飛騨高山の中心部から比較的近い高山市の郊外を流れる川である。秋神川は秋神ダムの上流部にあり、渓流といえども急峻ではない。平地を流れる川である。渓流釣りの定番は、イワナ、ヤマメ、アマゴである。さほど大物は狙えないが、渓流をめぐり、釣りを満喫するには十分な渓流だ。渓流釣りと言えばフライフィッシングを思い浮かべると思うが、比較的簡単で初心者にとって取り組み易い流し釣りもある。流し釣りは、イクラやミミズを餌とする。釣り糸の上部に目印をつけ、流れにゆだねて当たりを狙うのである。

　そのように釣り糸を垂れながら渓流の堤を巡っていたときのことである。

　静寂の中、せせらぎの音だけが耳に残り、無心に釣り糸に集中していた時、立ち眩みに似た感覚に襲われた。視野の右と左の両側が、ゆらゆらと歪み始めたのである。気分は特に優れないわけでなく、「これは、まずい」と思ったが、しばらくそのような状態が続いた。

　それは特別なことではないかもしれないが、後で、あれは何だったのだろうと思案した。自身でも経験したことのない「α波1/ｆの揺らぎ」(動物の脳が発生する電気的信号のうち、8〜13Hz成分のこと)かもしれないと考えた。脳波の発する「α波1/ｆの揺らぎ」は脳が安らぎを覚えたときに発生するものである。

　秋神川での宿泊は秋神温泉である。一軒屋の旅館であり、秋神川の傍にある。山菜料理とイワナの刺身が美味である。筆者が一番美味だと思ったのは、山菜の味噌鍋である。海魚が少ない内陸部の料理でもの珍しく、熱いご飯に乗せていただく、味噌鍋のおいしさは格別である。

　試験直前に息抜きは難しいだろうが、難関な試験ほど試験対策は長丁場になるものだ。うまくオンオフを切り替えて、合格を目指していただきたい。

終 わ り に

宅建との出会い

　国家資格とは正の財産であり、負の財産とはなり得ないことは冒頭で述べたとおりだ。筆者には、「チャレンジすることなく、自分には無理だと諦める前に、先ずは自分の好きな事、あるいは得意だと思われることを考えてみよう」という持論がある。

　NHKの朝ドラにあった、「やらずに諦めるより、やってから諦める方がよっぽどよい」との言葉が思い出される。チャレンジすれば、何％かの可能性があるが、チャレンジしなければ、可能性はゼロである。１％の可能性はステップアップ次第で80％の可能性、場合によれば100％の可能性に変わりえる。

　求める資格を得て、うまく天職に辿り着ける人はほんの一握りの幸運な人々かもしれない。それでもチャレンジすれば道は開ける。だがチャレンジしなければ、可能性はゼロである。

　さて、あなたなら「どうする？」

　言い足りなかった言葉をいくつか列挙したい。

楽しんでチャレンジ

　一見矛盾することのように思えるが非常に重要なキーワード。面白くなければ続かない。最初は面白くなくとも、軽い気持ちで、まずは始める。それで面白くなれば続けてみよう。キーワードは興味を持つこと、そして面白おかしくチャレンジすることだ。

遊び心を大切に

　自分では正しい方向に向かっていると思っていても、マクロ的に見れば方

向を見誤っているかもしれない。一見無駄なような「遊び心」を忘れずに行動すれば、意外と遊び心の中で「なるほど」と腑に落ちることもあるものである。

仲間と交わり、会話をしよう

同じ目的に向かう仲間がいれば、雑談をしよう。いなければ仲間を作ろう。雑談と言っても当然、共に向かう目的に関係する話題が主なものだと思う。一見時間の無駄だと思うかもしれないが、意外と何気ない会話からヒントや情報が得られるものである。

ただし、会話の中でもやはり、ギブ&テイクのルールは守ろう。つまり自身のことは言わないのに、他人のことはやたらと根掘り葉掘り聞きたがることだ。厳に慎もう。

急がば回れ

「急がば回れ」の諺の語源は室町時代の連歌師・宗長が詠んだとされる和歌「武士(もののふ)の矢橋(やばせ)の船は速けれど急がばまわれ瀬田の長橋」の歌に由来する。この歌は、江戸と京都を結んでいた五街道の一つ、東海道のことを詠んだ歌である。これは琵琶湖の矢橋(現在の草津市)に渡し船があったものの、その船は遭難することが多かったので、急ぐ人は逆に遠くても橋を渡ったと言う故事に由来している。

このことは、資格の面で見れば、日々の積み重ねに重きを置き決して焦らず一歩一歩と力をつけることの大切さを意味する。

資格に合格すれば、そのことを周囲に語ろう

我々は意外と、自分の事を口外しないものだ。いわんや口外することが周囲から自慢話と思われはしないかと思いがちなもの。資格は、遊んでいて得られるものではない。人知れず努力をしたことの証である。そのことを周囲に話すことは自慢話ではないだろう。

周囲に伝えることにより、そのことに啓発される人もいるはずだ。また自分の人脈となるかもしれない。さりげなく資格のことを周囲に語ろう。

　私事ではあるが、土地家屋調査士試験に50歳を超えてから挑戦し、その合格体験を東京法経学院の合格体験記に寄稿したとき、色々な人から反響があった。歳だから駄目だとか、難しいから無理だなどと思わずに挑戦する勇気が湧いてきたとか、全国の人から相談や励まされたという感想が届いた。

脳の仕組みを知り、そのメリットを最大限利用する

　よく「自分は頭が悪い」とか、「あなたは、頭がよいから」など、当たり前のように聞くが、果たしてそうだろうか。

　脳科学というほどのものではないが、脳の仕組みを理解し最大限の効能を引き出すことが、非常に重要である。

　私事ではあるものの、例えば書籍を読む際に、まずは目次を見る。後書きもしくは巻末を見る。それからサラっと全体を通読する。次に普通に読む。その時は分からないところはそのまま飛ばしながら、まずは通読してみる。次に精読してみる。精読する時には、気になるところには付箋を貼るなどして読む。最後は、熟読する。熟読の折にメモカードを作成するなどする習慣が大事である。精読と熟読とはどれほどの違いがあるのだろう。筆者の感想では、簡単に言えば精読の段階ではほぼ「インプット」を終えている状態であり、熟読の折には「アウトプット」もできる状態であるということだ。

　この習慣は、脳の仕組みを知り最大限に活用したものだと思う。

「Try and Error」の本当の意味

　Try することはもとより Error の大事さを伝えることも大切である。Try しなければ Error も生まれない。Try と Error は表裏一体のものだ。Try により Error が生じる。生じた Error を修正する事により完成へと収斂するものだ。Error を恐れずチャレンジすることの大事さを伝える座右の銘だと思う。

なお、当然のことながら、本書に記載された情報は、日々変化している。最新の情報は各個人において、適宜、収集に努めてくださるようお願いしたい。

　最後になるが当該書籍を世に出すに当たり、サンライズ出版の竹内氏に適切な助言および指導をしていただいたことに感謝を述べたい。

巻末資料

主な参考文献

TAC 管理業務主任者講座『管理業務主任者　基本テキスト』(TAC 出版)

コンデックス情報研究所『いちばんわかりやすい！　2 級ボイラー技士　合格テキスト』
　　(成美堂出版)

清浦昌之『一発合格！これならわかる　2 級ボイラー技士試験―テキスト＆問題集―』
　　(ナツメ社)

小林孝雄『要点まる暗記！　衛生管理者合格テキスト―第 1 種・第 2 種―』(成美堂出版)

鈴木幸男『鈴木先生のパーフェクト講義乙 4 類危険物試験』(オーム社)

各資格の情報を得るための URL 等

① 一般財団法人　不動産適正取引推進機構(宅地建物取引士試験実施機関)
　　〒105-0001　東京都港区虎ノ門 3-8-21 第 33 森ビル 3 階
　　Tel 03-3435-8181(宅建試験)　03-3435-8111(代表)
　　https://www.retio.or.jp/exam/takken_shiken.html
　　https://www.retio.or.jp/(不動産適正取引推進機構)

② 法務省(土地家屋調査士試験実施機関)
　　〒100-8977　東京都千代田区霞が関 1-1-1
　　Tel 03-3580-4111(代表)
　　https://www.moj.go.jp/shikaku_saiyo_index5.html
　　https://www.moj.go.jp/index.html(法務省)

③ 国土交通省　国土地理院(測量士補試験実施機関)
　　〒305-0811　茨城県つくば市北郷 1 番
　　Tel 029-864-1111(代表)
　　https://www.gsi.go.jp/LAW/SHIKEN/SHIKEN-top.htm
　　https://www.gsi.go.jp/top.html(国土地理院)

④ 一般社団法人　マンション管理業協会(管理業務主任者試験実施機関)
　　〒105-0001　東京都港区虎ノ門 1-13-3　虎ノ門東洋共同ビル 2 F
　　Tel 03-3500-2721(代表)
　　https://www.kanrikyo.or.jp/kanri/index.html
　　https://www.kanrikyo.or.jp/index.html(マンション管理業協会)

⑤ 公益財団法人　安全衛生技術試験協会(二級ボイラー技士試験実施機関)
　　〒101-0065　東京都千代田区西神田 3-8-1　千代田ファーストビル東階 9 階
　　Tel 03-5275-1088
　　https://www.exam.or.jp/exmn/H_shikaku122.htm
　　https://www.exam.or.jp/index.htm(安全衛生技術試験協会)

⑥　一般社団法人　日本ボイラ協会（二級ボイラー技士試験関係機関）
〒105-0004　東京都港区新橋 5-3-1
Tel　03-5473-4500（代表）
https://www.jbanet.or.jp/license/boiler-license/second-boiler/
https://www.jbanet.or.jp/（日本ボイラ協会）
⑦　一般財団法人　消防試験研究センター（乙種第 4 類危険物取扱者試験実施機関）
〒100-0013　東京都千代田区霞が関 1-4-2　大同生命霞が関ビル19 階（本部）
Tel　03-3597-0220（本部）
https://www.shoubo-shiken.or.jp/kikenbutsu/
https://www.shoubo-shiken.or.jp/（消防試験研究センター）

著者略歴

叶　龍次郎（かのう・りゅうじろう）

昭和51（1976）年　神戸商科大学 商経学部 経済学科卒業
滋賀県職員として、約30年間勤務し、定年前に早期退職する。
現在『行政書士』『土地家屋調査士』に登録している。
県庁勤務時代、『公共用地取得及び補償』に携わった経験・知見を活かして、多くの用地交渉の対処のコツ、土地収用法についての説明および土地収用法等の相談を全国からメール、電話、オンラインで受けている。（平成19年近畿地区用地対策連絡協議会表彰を受ける。公共用地補償アドバイザー）

保有資格

〈国家資格〉

宅地建物取引士（滋賀県宅地建物取引士　登録）
土地家屋調査士（日本土地家屋調査士名簿　登録）
行政書士（行政書士名簿　登録）
測量士補
管理業務主任者
二級ボイラー技士
乙種第4類危険物取扱者
税理士試験（簿記論）　合格
第二級陸上特殊無線技士
第四級アマチュア無線技士
第三種冷凍機械責任者
第一種衛生管理者
フォークリフト運転技能講習　修了
中型自動車第一種運転免許（8t限定）
普通自動二輪免許

〈民間資格〉

日商簿記検定試験2級　合格（日本商工会議所）
不動産キャリアパーソン　認定（公益社団法人全国宅地建物取引業協会連合会）
実用英語技能検定2級　合格（公益財団法人日本英語検定協会）
実用英語技能検定1級　1次試験　合格（公益財団法人日本英語検定協会）
柔道二段（公益財団法人講道館）

君ならできる! 資格と遊ぶ？
まずは「宅建」

2024年6月24日　初版第1刷発行

著　者	叶　龍次郎
発行者	岩根　順子
発行所	サンライズ出版株式会社
	〒522-0004　滋賀県彦根市鳥居本町655-1
	TEL 0749-22-0627　FAX 0749-23-7720
印刷製本	サンライズ出版株式会社